Alimentation et autisme

Catalogage avant publication de Bibliothèque et Archives nationales du Québec et Bibliothèque et Archives Canada

Lalancette, Marie-France, 1969-

Alimentation et autisme : relever le défi... une bouchée à la fois

ISBN 978-2-89436-900-5

1. Autisme infantile - Aspect nutritionnel. 2. Autisme infantile - Diétothérapie. I. Titre.

RJ506.A9L36 2017 618.92'85882 C2016-942226-7

Avec la participation financière du gouvernement du Canada. | Canada

Nous remercions la Société de développement des entreprises culturelles du Québec (SODEC) pour son appui à notre programme de publication.

Gouvernement du Québec – Programme de crédit d'impôt pour l'édition de livres – Gestion SODEC.

Infographie de la couverture : Marjorie Patry
Mise en pages : Josée Larrivée
Révision linguistique : Amélie Lapierre
Correction d'épreuves : Michèle Blais

Éditeur : Les Éditions Le Dauphin Blanc inc.
Complexe Lebourgneuf, bureau 125
825, boulevard Lebourgneuf
Québec (Québec) G2J 0B9 CANADA
Tél. : 418 845-4045 Téléc. : 418 845-1933
Courriel : info@dauphinblanc.com
Site web : www.dauphinblanc.com

ISBN version papier : 978-2-89436-900-5
ISBN version numérique epdf : 978-2-89436-901-2
ISBN version numérique epub : 978-2-89436-902-9

Dépôt légal : 1er trimestre 2017
Bibliothèque nationale du Québec
Bibliothèque et Archives Canada
Données de catalogage disponibles auprès de Bibliothèque et Archives nationales du Québec.

Imprimé au Canada

Limites de responsabilité

L'auteure et la maison d'édition ne revendiquent ni ne garantissent l'exactitude, le caractère applicable et approprié ou l'exhaustivité du contenu de ce programme. Elles déclinent toute responsabilité, expresse ou implicite, quelle qu'elle soit.

Marie-France Lalancette Dt. P.
avec la collaboration de Rita Vassini, nutritionniste

Alimentation et autisme

Relever le défi... une bouchée à la fois

Le Dauphin Blanc

Dédicace

À tous ces enfants qui cherchent à nous faire voir la vie sous un autre jour : celui de l'enfance !

Prologue

S'ouvrir à l'autisme, c'est s'ouvrir à une autre vision, c'est voir le monde tel qu'il est sous toutes ses facettes. Des facettes souvent devenues invisibles pour nous, adultes rationnels. Les autistes nous ramènent au concret et à la simplicité du regard que nous possédions probablement tous à un certain âge, bien avant de nous laisser submerger par cette influence extérieure qu'est le monde qui nous entoure. Avant de nous laisser influencer, encore faut-il apprendre à décoder ce monde rempli de codes sociaux pas toujours logiques. Entre nous et eux, qui voit le monde le plus clairement ? Quand l'autiste attache une importance à la forme des aliments dans son assiette, il voit des choses que nous ne voyons pas. C'est peut-être nous, les aveugles…

L'alimentation est comme un casse-tête. Si on le regarde, on voit mille morceaux étalés sur une table sans distinguer l'image ultimement représentée. Mais, un morceau à la fois, on décèle des pistes qui donnent du sens à notre travail de reconstitution. Ce qu'il y a de merveilleux, c'est qu'à mesure que l'image se dévoile, la paix revient dans une famille. L'alimentation est tellement centrale dans la vie. Ainsi, l'enfant, autiste ou « neurotypique », a toujours de bonnes raisons d'agir comme il le fait, car il n'invente pas ses problèmes. Ils sont issus de son vécu. Il n'entre peut-être pas en communication avec nous par les mots quand il est à table, mais il nous parle toujours par son comportement. Il nous raconte son histoire à travers ses aversions, ses rituels ou ses refus de manger catégoriques.

Ce livre permettra au lecteur, qu'il soit parent, intervenant, éducateur ou autiste (oui, plusieurs autistes savent lire !) de distinguer le bon grain de l'ivraie.

L'autisme est un phénomène encore relativement nouveau et mal compris. L'impact sur la qualité de vie des familles est si grand que l'on ne peut s'empêcher de vouloir trouver des solutions le plus rapidement possible. L'espoir est ce qui permet à plusieurs de persévérer et de continuer à être présents pour leur enfant. Il n'est nullement question ici de dénigrer les approches émergentes en traitement de l'autisme, car il est impossible de prédire lesquelles d'entre elles s'imposeront dans le futur comme viables et efficaces. Toutefois, il faut garder en tête que des approches encore expérimentales gagnent en popularité et que certaines comportent des risques souvent minimisés, et l'impact sur la santé globale, qu'il soit physique ou psychologique, est trop souvent négligé. De plus, vaciller entre une solution miracle et une autre demande beaucoup d'énergie, une énergie qui pourrait parfois être mieux investie en prenant le temps de bien cerner les besoins spécifiques des personnes concernées, c'est-à-dire l'autiste et sa famille. Devenir un sujet d'expérimentation n'a rien d'agréable pour un autiste, et malgré toute la bonne volonté des gens qui l'entourent, les résultats ne sont pas souvent au rendez-vous et les témoignages spectaculaires de guérison sont loin d'être facilement reproductibles. Pourquoi ? Parce que l'autisme est une condition multifactorielle. Tous les autistes n'ont pas tous les mêmes défis. Il est donc normal qu'il n'y ait pas de solution unique.

Après la lecture de ce livre, vous pourrez cesser votre quête interminable de guérison miracle et choisir les petits miracles quotidiens qui s'opéreront dans votre foyer à mesure que vous apprendrez à mieux comprendre et relever les défis alimentaires de votre enfant. Vous choisirez ce qui a le plus de chances de fonctionner pour vous, selon votre situation personnelle. Vous récupérerez vos énergies pour les canaliser là où le rapport risques/bénéfices est le plus optimal pour vous. L'alimentation peut sans contredit améliorer la qualité de vie et représenter un tremplin vers de nouveaux progrès tant sur le plan cognitif que sur celui de l'intégration sociale.

Table des matières

Guérir l'autisme, non. Relever le défi, oui ! 11

Voir l'assiette autrement 15

L'importance du vocabulaire 15

Observer pour mieux comprendre 16

L'intégration sensorielle des aliments 21

Gérer la néophobie alimentaire 27

Les défis d'ordre « oromoteur » 36

L'ajustement des textures :
la pierre angulaire d'un apport suffisant 37

Stimuler les capacités oromotrices par le jeu 39

Les repas : une affaire de famille 42

Recettes pour s'amuser 49

Nourrir son enfant… sans y laisser sa peau ! 57

Mon enfant a-t-il un trouble de l'alimentation 59

Le système gastro-intestinal 63

Le système immunitaire 73

Le système neurologique 74

Le système métabolique 78

Maintenir une croissance optimale 85

Enrichir l'alimentation 89

Identifier les intolérances : soyez méthodique ! 96

Prévenir et gérer les carences 102

Recettes pour grandir 108

Modifier la diète de son enfant 120

Un défi est relevé quand on peut cesser d'y penser 137

Annexe 1 – Guide d'aliments adaptés aux enfants avec défis oromoteurs 139

Annexe 2 – Guide d'aliments sans gluten et sans caséine 141

Annexe 3 – Idées de repas complets et rapides sans gluten et sans caséine 143

Annexe 4 – Sources de calcium non laitières 145

Ressources et sources 147

Remerciements 150

Pour rejoindre l'auteure 151

Guérir l'autisme, non. Relever le défi, oui !

C'est le métier de tous que de parler de patience à ceux qui se tordent devant le poids de la souffrance.

– William Shakespeare

Il faut admettre que l'alimentation, c'est souvent là où le bât blesse pour l'autiste et sa famille. Quoi de pire pour un parent que de ne pas pouvoir nourrir son enfant ? C'est probablement l'une des situations les plus anxiogènes qu'un parent peut être appelé à vivre. Pour l'autiste, c'est un défi difficile à relever. Aucune exclusion d'un groupe alimentaire ou supplémentation de vitamines ne pourra changer ce fait. On ne s'éveille pas à toute la diversité alimentaire proposée actuellement simplement en rectifiant sa flore intestinale ou en prenant des multivitamines. On peut par contre ressentir les bénéfices d'une alimentation équilibrée rectifiant des carences puisque celles-ci ont des impacts directs sur nos cellules et notre métabolisme. Elles entraînent donc des réactions du corps qui sont globales, comme la douleur, l'irritabilité ou les troubles de sommeil. C'est déjà beaucoup dans la vie d'un autiste de pouvoir régler des inconforts chroniques. Imaginons simplement comment un simple mal de ventre, une constipation ou un reflux gastrique peut mobiliser nos ressources cognitives et notre concentration. L'autiste a besoin de toutes ses ressources potentielles pour s'intégrer au monde qui l'entoure. Êtes-vous capable de bien vous concentrer quand vous avez mal ? Fort probable que non. Quand la douleur monopolise le cerveau, aucun apprentissage n'est possible, d'où l'importance de ne pas négliger toute source d'inconfort chez l'autiste, car celui-ci aura encore plus de difficulté à la verbaliser. Peut-on guérir l'autisme par la modification de la diète ? Pas encore, malheureusement. Mais peut-on parler de guérison de l'autisme quand un autiste cesse de se replier sur lui-même et se met à sourire parce qu'il n'a plus de crampes abdominales ? Guérir une intolérance alimentaire peut faire une énorme différence sur la capacité de se développer à son plein potentiel. Mais, tous les autistes ne sont pas intolérants sur le plan alimentaire. Il est essentiel de faire la différence entre ce qui est réellement soigné quand on « applique » une certaine diète ou un certain traitement. La plupart du temps, l'autiste reste un autiste, mais il devient un autiste qui se sent mieux dans son corps. C'est une condition essentielle pour qu'il s'ouvre au monde… et pour que le monde s'ouvre à lui !

L'exclusion de certains groupes alimentaires ou aliments ne permet de modifier son état de santé et son comportement que lorsqu'il s'agit d'un problème digestif réel. Alors, pourquoi le sujet de la modification de la diète suscite-t-il autant d'effervescence ? Plusieurs raisons expliquent cet intérêt. Les autistes, qui verbalisent peu leurs inconforts, ont plus de chances que des allergies ou intolérances passent inaperçues. Il s'avère également que les autistes sont plus à risque d'avoir des intolérances alimentaires que les autres pour diverses raisons qui seront décrites plus loin. Comment identifier le sous-groupe d'autistes intolérants parmi les tolérants quand le domaine des mesures de diagnostic en matière d'allergie et d'intolérance est si nouveau, avec des résultats pas toujours fiables ? Et comment les chercheurs peuvent-ils mesurer les impacts d'une modification alimentaire sur le comportement autistique quand les critères de diagnostic de l'autisme sont si peu précis ? Nous sommes dans le flou sur plusieurs plans. C'est pourquoi l'efficacité de changements alimentaires qui aident certains autistes peut difficilement, à l'heure actuelle, être démontrée scientifiquement, mais le sera peut-être dans un avenir plus ou moins lointain. D'autres avenues sont clairement démontrées comme inefficaces, mais elles sont des avenues lucratives que l'industrie souhaite continuer de promouvoir, mais pas forcément pour le bien de la communauté.

Avant de nous lancer dans l'analyse des solutions nutritionnelles et d'en peser les pour et les contre, revenons à la base. Cinq principes fournissent la vision globale avec laquelle doit s'effectuer tout changement alimentaire. Avant de prendre une décision, demandez-vous si vous êtes en train d'entraver l'un des cinq principes, que nous avons appelé les principes du PARIS :

Prévenir les carences.

Adapter nos décisions aux besoins de notre enfant.

Relation positive avec la nourriture.

Identifier les troubles digestifs et les intolérances.

Soulager et soigner.

Par exemple, si un traitement vous est proposé et qu'il ne permet pas une relation positive avec la nourriture, il vous faudra peut-être remettre en question les bénéfices du traitement proposé, car une mauvaise relation à la nourriture peut être aussi nuisible que l'autisme en soi. De même, une exclusion d'un nutriment ou d'un groupe de nutriments doit être faite en adoptant les moyens de prévenir les carences nutritionnelles, puisque celles-ci détérioreraient éventuellement la santé globale. Voici un autre exemple. Lorsque l'on identifie une intolérance, les exclusions ou substitutions qui vous seront proposées devront être adaptées à votre enfant. Il se peut que votre adhésion aux directives nutritionnelles ne soit pas totale parce que vous devez trouver des moyens qui tiennent compte des préférences de votre enfant ou de sa personnalité. Autrement dit, les conseils nutritionnels ne sont pas des dogmes. Chacun doit y aller avec sa propre expérience et ne pas tomber dans le panneau de l'extrémisme ou des directives énoncées par autrui suivies à l'aveuglette. Au bout du compte, c'est le parent qui décide, et non pas le professionnel, mais l'enfant a également son mot à dire ! C'est cet enfant qui acceptera ou non d'avaler le repas, ou le supplément, ou de s'asseoir à table bien disposé ou pas, affamé ou pas, dégoûté ou pas.

VOIR L'ASSIETTE AUTREMENT

Un enfant prodige est un enfant dont les parents ont beaucoup d'imagination.

– JEAN COCTEAU

Comme parent, chacun doit y aller avec ses propres intuitions, et une démarche d'essais et d'erreurs mène éventuellement vers l'équilibre. Travailler avec plusieurs enfants différents révèle un fait : les comportements alimentaires soi-disant anormaux sont en fait une réponse très cohérente à un problème vécu, peu importe le problème. Les rituels alimentaires, manger du papier, vouloir seulement des aliments d'une certaine couleur ou pas colorés du tout, rejeter les grumeaux, exiger la même assiette, scruter les étiquettes, et tant d'autres comportements erratiques, n'ont pas de sens pour nous *a priori*. Mais, à force d'observations, et avec une grande ouverture d'esprit, nous réalisons qu'ils ont du sens pour l'enfant… Parfois, on se rend à l'évidence, peut-être des années plus tard, que ce n'était pas bête du tout !

L'importance du vocabulaire

On ne peut pas aimer ce que l'on ne connaît pas. Cette règle s'applique à tous les enfants. Dès leurs premiers jours, on leur enseigne donc les mots reliés à l'acte de se nourrir. On dit au bébé :

« Tu as faim ! » ou « Tu veux du lait ! » Quelques mois plus tard, on commence à présenter des aliments en les nommant. Par exemple, quand on dit à un enfant : « Regarde, des bananes… On va manger des bananes… C'est bon, les bananes ! Tu aimes les bananes ! Miam, les bonnes bananes ! » Il associe alors le mot *banane* à une expérience gustative et il cristallise sa conception du mot *banane*. Plus on répétera le nom des aliments souvent et avec un langage structurant et simple, plus il élargira son vocabulaire alimentaire et plus il ressentira un sentiment de sécurité quant aux aliments. Ainsi, les familles qui mangent de façon variée ont plus de chances de faire de leurs enfants des adultes qui mangent de façon variée. Avec les enfants autistes, qui se replient sur eux et pour qui les codes sociaux et la communication sont difficiles, cette étape importante qui consiste à les rassurer est parfois escamotée. On se rend compte que l'enfant est autiste souvent beaucoup plus tard, après qu'il a accumulé toute une foule d'expériences négatives quant à l'alimentation, sans que l'on s'en rende trop compte, car elles sont rarement exprimées, sauf par le refus des aliments. Néanmoins, il est toujours possible de fournir à l'enfant cet apprentissage, peu importe son âge. Regarder ensemble des livres de recettes, des dictionnaires d'aliments qui contiennent des photos, montrer des pictogrammes à son enfant et en faire un jeu sont tous des gestes rassurants quant aux aliments, car une fois que c'est dans le domaine du connu, c'est classé. On peut apprendre autre chose. Quand l'enfant a entendu assez souvent le mot *banane*, il sait quand on lui propose une banane, s'il l'aimera, ou pas. L'étape suivante est alors pour nous d'apprendre, en même temps qu'il apprend les mots, si l'aliment fait partie de ses préférences, indifférences ou aversions. Et de ne pas essayer de lui passer des bananes pour autre chose…

Observer pour mieux comprendre

Les changements qui s'opèrent sur le plan sensoriel prennent du temps. Pas question d'attendre que l'enfant autiste accepte la nouveauté pour travailler à améliorer sa santé et sa qualité de vie ! On s'adapte aux enfants allergiques en modifiant le menu. Jamais il ne nous viendrait à l'esprit de dire à l'enfant d'y mettre du sien, qu'il est capable de prendre l'allergène sans ressentir de symptômes… L'autisme est souvent « allergique » à la variété. Et il en ressent des symptômes réels, une souffrance et parfois même une détresse.

Tout d'abord, l'enfant peut être rigide pour plusieurs raisons qu'il est important de bien identifier, car la « sélectivité » alimentaire ne touche pas tous les autistes au même degré. Peu importe la raison de la rigidité, le but est d'assurer la croissance de l'enfant en adaptant son menu, jusqu'à ce que les composantes sensorielles du développement semblent plus accessibles. Et plusieurs années seront probablement nécessaires pour trouver des façons d'équilibrer ou d'enrichir le menu à partir des aliments acceptés avant que cette difficulté ne soit surmontée. Mais, il faut toujours garder espoir. L'assiette des enfants autistes a beaucoup plus de chances d'évoluer par la patience que par la force ou l'entêtement. L'un de vos objectifs est assurément d'éliminer la frustration à table, tant pour l'enfant que pour les autres membres de la famille. Incluant vous !

Mon fils aime le « rugueux », le sable, la craie. Nous ne savons pas quoi faire avec cela.

Apprenez à bien connaître les préférences de votre enfant. L'observation est une bonne façon de mieux les connaître. Par exemple, en jouant avec votre enfant à des jeux qui lui permettent de communiquer sa préférence entre deux aliments, deux odeurs, deux couleurs, vous verrez sûrement ressortir une logique qui vous aidera à mieux le comprendre. Les raisons de refuser les aliments ne sont pas toujours évidentes pour nous, mais elles prennent racine à cause d'un problème vécu.

Parfois, une démarche plus structurée sous forme de journal ou de tableau peut aider à décortiquer, au fil des jours, ce qui plaît ou déplaît à l'enfant, et ultimement à trouver pourquoi ! La grille qui suit constitue un outil qui vous permettra de donner du sens à l'alimentation de votre enfant en faisant l'inventaire de tous les aliments acceptés et refusés et en les caractérisant précisément. Vous avez peut-être déjà une impression que votre enfant n'aime pas telle ou telle texture ou saveur… Validez-la objectivement. L'exercice peut vous réserver quelques surprises. Il suffit d'observer et de tout noter pendant quelques jours sans tenter d'influencer les choix de votre enfant. Vers quels aliments va-t-il quand vous ne lui imposez pas vos choix ? Utilisez ce tableau pour noter vos observations sans tirer de conclusions hâtives. Prêtez-vous à l'exercice, à l'insu de votre enfant, bien sûr, tant que vous n'aurez pas fait l'inventaire de ses préférences. À la toute fin, comparez le tableau des aliments refusés à celui des aliments acceptés et analysez les schémas en jeu. Conservez cet inventaire minutieusement. Il pourrait s'avérer un outil précieux pour votre nutritionniste ou ergothérapeute ou tout autre professionnel que vous consulterez dans le futur, ou même pour vous-même afin de voir l'évolution des préférences de votre enfant. Nous sommes nombreux, comme parents, à rester accrochés à nos perceptions et à ne pas remarquer quand celui-ci a élargi son répertoire…

Quelles conclusions tirer de ces observations ? Il y a autant de réponses que d'individus ! Mais, vous pourrez assurément faire des liens avec le profil sensoriel de votre enfant et choisir vos stratégies en conséquence. S'il aime les aliments fades, peu colorés et lisses, sans aucun grumeau, il est probablement plutôt sensible sur le plan des sensations orales. Lui présenter une foule de légumes colorés sous toutes leurs formes ne viendra pas à bout de lui. Il faudra travailler cette désensibilisation par le jeu, en dehors des repas, et s'armer de patience. Vous réaliserez peut-être par vos observations à quel point votre enfant est sensible aux odeurs, à la vue des aliments ou encore à l'environnement. Vous saurez mieux lui apporter ce dont il a besoin pour apprécier son repas. Petit à petit, le sentiment de constance et de sécurité lui permettra de faire des gains. Petit à petit, car lorsque l'on est submergé par les sensations, le sentiment de sécurité, qui est un fondement crucial du développement, est compromis et empêche l'enfant de vouloir explorer.

Aliments acceptés

Aliment	Couleur	Consistance (dure, molle)	Texture (lisse, mixte)	Se mange avec doigts, ustensiles	Saveur (sucrée, salée, acide, amère)	Intensité (fade, intense)	Lieu du repas (maison, ami, école)	En compagnie de:

Aliments refusés

Aliment	Couleur	Consistance (dure, molle)	Texture (lisse, mixte)	Se mange avec doigts, ustensiles	Saveur (sucrée, salée, acide, amère)	Intensité (fade, intense)	Lieu du repas (maison, ami, école)	En compagnie de:

L'intégration sensorielle des aliments

Pas facile de comprendre les niveaux de sensibilité de votre enfant à certains stimuli. Par des questionnaires très élaborés, nutritionnistes, ergothérapeutes, psychologues et autres professionnels ont tous leurs façons de préciser le profil sensoriel de votre enfant. Vous trouverez ici une liste de questions à vous poser afin non pas de classer votre enfant dans une catégorie, mais afin de mieux comprendre les liens entre les divers comportements. À la base, tout est une question de « sensorialité ». Les sens nous aident à comprendre le monde. Comment nous percevons le monde et réagissons aux stimuli extérieurs déterminera notre comportement dans une situation donnée. Au fond, il s'agit de prendre chacun des sens et de qualifier à quel niveau d'intensité votre enfant semble affecté par chacun.

Parce qu'un enfant autiste est avant tout un enfant, tentez pendant quelques instants d'oublier ce que l'on vous a appris sur l'autisme et répondez à ces questions comme si votre enfant n'avait jamais été diagnostiqué ou étiqueté de quelque façon que ce soit. Quel type d'enfant est-il, tout simplement ? Perçoit-il l'univers différemment de nous ? Parmi tous les sens, ceux qui affectent le plus les préférences alimentaires sont généralement le toucher, le goût, l'odorat, le « vestibulaire » et la proprioception. Nous ne traiterons pas de la vue ni de l'ouïe, même si ces sens ont certainement un rôle à jouer dans l'apprentissage de tout cet univers qu'est l'alimentation.

Questionnaire

Sensations tactiles

Mon enfant a-t-il (ou avait-il) tendance à…

- ❑ … être déstabilisé par les touchers inattendus, surtout lorsqu'il ne les voit pas venir (par derrière, sous une couverture) ?

- ❑ … ne pas aimer être pris dans ses bras, à essuyer l'endroit où il a été embrassé, à préférer généralement les câlins aux baisers ?
- ❑ … mal réagir aux soins d'hygiène de base (changement de couche, brossage de cheveux) ?
- ❑ … ne pas aimer se salir ?
- ❑ … ne pas aimer marcher pieds nus sur certaines surfaces (gazon, sable, tapis) ou à marcher sur la pointe des pieds ?
- ❑ … refuser de toucher ou à ne pas aimer toucher certaines textures (tissu, vêtement) ?

Mon enfant a-t-il (ou avait-il) plutôt tendance à…

- ❑ … rechercher les caresses, à toucher les objets constamment ?
- ❑ … ne pas se préoccuper du fait qu'il s'est fait mal ? C'est-à-dire être peu sensible aux blessures mineures, coupures, piqûres et parfois même les rechercher ?
- ❑ … aimer les sensations fortes, comme les vibrations ?
- ❑ … avoir de la difficulté avec les tâches de motricité fine (attacher ses souliers, ses boutons, découper du papier avec des ciseaux, utiliser des ustensiles) ?
- ❑ … avoir peur du noir ?
- ❑ … ne pas se préoccuper de la façon dont il est habillé (vêtements à l'envers sans s'en rendre compte, boutons décalés) ?
- ❑ … avoir de la difficulté à identifier des objets seulement avec les mains (sans les regarder) ?

Sensations orales

Mon enfant a-t-il (ou avait-il) tendance à…

- ❑ … être très sélectif sur le plan alimentaire (il désire certaines marques seulement, il ne peut pas manger chez les autres) ?
- ❑ … avoir des haut-le-cœur facilement, tant avec les aliments que lors du brossage de dents ?
- ❑ … avoir peur d'avaler des aliments ?
- ❑ … n'accepter que les purées lisses ? Le passage aux autres aliments est difficile.
- ❑ … éviter les saveurs prononcées ?

Mon enfant a-t-il (ou avait-il) plutôt tendance à…

- ❑ … chercher à tout mettre dans sa bouche, même les objets ?
- ❑ … garder les aliments longtemps dans sa bouche avant de les avaler ?
- ❑ … saliver beaucoup, même à un âge plus avancé ?
- ❑ … toujours chercher à mâcher ou à mordre ?
- ❑ … ajouter beaucoup de condiments à ses aliments ?
- ❑ … rechercher les aliments épicés ou à saveur prononcée ?
- ❑ … avoir de la difficulté à accepter les aliments en purées ?

Sensations olfactives

Mon enfant a-t-il (ou avait-il) tendance à…

❑ … réagir négativement à des odeurs qui ne dérangent pas les autres (parfums, odeurs de cuisson) ?

❑ … rejeter des personnes à cause de leur odeur ?

❑ … rejeter des aliments ou catégories d'aliments à cause de leur odeur ?

Mon enfant a-t-il (ou avait-il) plutôt tendance à…

❑ … ignorer les odeurs déplaisantes pour la majorité des gens ?

❑ … sentir tout ce qu'il touche, à sentir sa nourriture avant de la manger ?

❑ … avoir de la difficulté à identifier les odeurs ?

❑ … être porté à manger des aliments qui pourraient être dangereux, car il n'est pas dérangé par leur odeur caractéristique (par exemple, produits domestiques, d'hygiène) ?

Sensations vestibulaires

Mon enfant a-t-il (ou avait-il) tendance à…

❑ … avoir peur des jeux dans les parcs (glissades, balançoires) ?

❑ … ne pas prendre de risques ? Il préfère les tâches sédentaires.

❑ … avoir peur exagérément de tomber (peur des hauteurs, des escaliers, des ascenseurs, peur de monter à bicyclette) ?

- ❑ … ne pas avoir un bon sens de l'équilibre, à perdre pied facilement ?
- ❑ … être surpris ou à se désorganiser quand on le déplace rapidement (par exemple, lorsque l'on approche sa chaise près de la table) ?
- ❑ … vouloir avoir les pieds appuyés en tout temps ?

Mon enfant a-t-il (ou avait-il) plutôt tendance à…

- ❑ … rechercher les mouvements, les rotations, à vouloir bouger constamment ?
- ❑ … être téméraire et à ne pas se préoccuper des risques ?
- ❑ … ne pas pouvoir s'empêcher de gigoter lorsqu'il est assis ?
- ❑ … aimer les sensations fortes (manège, vitesse, secousse) ?

Sensations proprioceptives

Mon enfant a-t-il (ou avait-il) tendance à…

- ❑ … aimer sauter, à foncer dans des objets, à écraser les objets avec ses doigts, à pousser les autres enfants, à faire exprès de tomber ?
- ❑ … marcher très fort ?
- ❑ … taper du pied sur le plancher ou sur la table lorsqu'il est assis ?
- ❑ … aimer être enveloppé dans une couverture, à avoir quelque chose de lourd sur lui ?
- ❑ … préférer les vêtements les plus serrés possibles ?

- ❑ … mâcher toutes sortes d'objets (crayon, paille, manche de chandail) ?
- ❑ … ne pas comprendre les notions de douceur et de force ? Il a de la difficulté à évaluer le niveau de sa force (par exemple, il fait mal aux animaux en les caressant ou en jouant avec eux, il brise les objets).

Mon enfant a-t-il (ou avait-il) plutôt tendance à…

- ❑ … avoir peu de tonus, à avoir une posture molle ?
- ❑ … chercher à appuyer sa tête (par exemple, tête sur son bras pendant les devoirs) ?
- ❑ … prendre beaucoup de temps à s'habiller ?
- ❑ … avoir peu conscience de son corps, à foncer dans les portes ?
- ❑ … être ambidextre ou à ne pas avoir de préférence pour la main gauche ou droite ?
- ❑ … être peu doué pour les activités demandant de la coordination (danse, exercice) ?

Les professionnels donnent des noms compliqués pour décrire les difficultés sensorielles des enfants. On parle de défenses sensorielles, de dysfonction vestibulaire, de troubles de coordination, d'hypo ou d'hypersensibilité ou encore d'hypo ou d'hyperréactivité… Les professionnels se cassent la tête à classer les divers troubles sensoriels, et la terminologie change constamment. Pour votre part, vous n'avez qu'un enfant à connaître. Le vôtre. Et il ne correspond probablement pas à une seule catégorie de trouble sensoriel, et il se peut qu'il soit hyperréactif sur un plan et hyporéactif sur un autre. Le but de ce questionnaire n'est pas de remplacer un professionnel ou d'effectuer un diagnostic quelconque. Il vise simplement à vous permettre d'identifier les sens avec lesquels votre enfant a le plus de difficulté et d'évaluer s'il semble y réagir trop fortement ou trop peu pour être capable de s'intégrer. Cela ne représente qu'une partie du casse-tête, mais elle peut vous aider à reconstituer le reste.

Si, dans son expérience sensorielle, l'enfant intègre très différemment le goût, l'odorat, la texture ou même la vue des aliments, cela nuira forcément à sa réaction aux aliments présentés. Il peut être hyporéactif, cherchant toujours à recréer une stimulation additionnelle à son expérience de repas, par exemple en en mettant beaucoup dans sa bouche, ou hypersensible, où toute stimulation le rebute. L'hyperréactif, quant à lui, a tendance à être plus souvent rigide, mais les deux types de profils sensoriels peuvent manifester une sélectivité alimentaire.

On comprend pourquoi le fait de limiter les distractions peut aider l'autiste à mieux s'intégrer à table. L'environnement bruyant lors des repas (télé, radio, discussion animée, etc.) est une source de stress qui influence même l'apport nutritif de nombreux adultes, alors il est facile d'imaginer comment l'enfant autiste peut être facilement submergé par les distractions au repas. Il n'est d'ailleurs pas rare de voir un autiste incapable de rester assis à table sans une tablette ou un jeu vidéo quelconque lui permettant de faire abstraction du reste ou de se sentir moins le centre d'attention.

Gérer la néophobie alimentaire

La simple peur du nouveau peut expliquer la rigidité. Lorsque l'enfant a un an, nos attentes par rapport à la variété se décuplent. On dit aux parents : « À partir d'un an, votre enfant peut manger tout ce que vous mangez ! » Cet exploit est loin d'être réaliste pour la plupart des enfants. L'enfant qui a un trouble d'intégration sensorielle n'est pas prêt à accueillir cette nouveauté. Il a à peine eu le temps d'absorber les aliments de base du menu ! Et plus on insiste, plus il résiste. Par bonne volonté, pour s'assurer de la croissance harmonieuse de l'enfant, tout bon parent tentera d'influencer son enfant à « manger santé ». Cela commence d'ailleurs très tôt dans notre société où il y a des lois jusque dans notre assiette, et ce, avant même que les bébés naissent. Pourtant, il faudrait peut-être attendre que l'enfant, autiste ou pas, ait appris à combattre d'autres peurs avant de combattre la néophobie alimentaire, car les lignes directrices généralement dictées par nos instances de santé publique n'ont peut-être rien à voir avec l'expérience personnelle de repas de l'enfant.

Il est difficile pour lui aussi de s'alimenter seul. Il a encore besoin d'aide. Il est rebuté aussi par tout ce qu'il y a de nouveau et c'est très difficile d'arriver à lui faire goûter quelque chose.

Au repas, l'enfant a besoin de repères. Une règle qui peut aider avec les enfants qui ont des défis à relever sur le plan alimentaire ? Ne pas offrir plus de trois aliments et ne pas tenter de modifier plus d'un aliment sur trois. La constance, l'environnement stable et la simplicité du menu sont garants de succès. Des aliments facilement identifiables, bien séparés, auront probablement la cote chez votre enfant, alors qu'il rejettera l'une après l'autre toutes vos merveilleuses recettes élaborées spécifiquement pour lui, et même vos carottes en forme de fleur et vos petits bateaux faits avec du melon ! L'autiste veut être certain de ce qu'il mange. Prenez garde de ne pas briser sa confiance en lui cachant des aliments qu'il n'aime pas ! Il est autiste, pas stupide. D'ailleurs, tous les enfants savent quand le goût d'un plat a changé. Ils n'ont pas tous le même seuil de détection, mais un enfant, autiste ou pas, prend très mal que l'on essaie de lui passer des vessies pour des lanternes ! Ce qu'il retient de cette expérience de camouflage est qu'une lasagne n'est

Mon fils a de la difficulté à manger de la viande. Il mâche plus longtemps et souvent ça lui prend de la sauce ou des « patates » pilées où on camoufle la viande... En plus de la difficulté avec la viande, mon fils fait de l'intolérance au lactose et à la protéine bovine...

plus une lasagne. Pour lui, c'est un autre plat et la seule chose que vous alimentez, c'est la confusion. Si vous ajoutez quelque chose à une recette nouvelle qu'il n'a jamais goûtée, pas de problème. Mais, si vous touchez au sacré, ces repas sur lesquels votre enfant compte pour se nourrir en toute confiance et qu'il apprécie pour leur stabilité, vous mettez en péril un élément important de son apport alimentaire, car il risque de refuser cet aliment auparavant très bien accepté. C'est ainsi qu'un enfant devient de plus en plus rigide. Après tout, le spaghetti de papa doit demeurer le spaghetti de papa… C'est toute la relation avec la nourriture qui est ici en cause, et sans contredit, une relation positive avec la nourriture est avant tout une relation de confiance.

Un jour, il sera prêt à explorer. La confiance va dans les deux sens ! Faites-lui confiance… Tout vient à point à qui sait attendre ! Cela se fait plus tard chez les enfants ayant des difficultés sensorielles, et il faut parfois attendre qu'ils soient de jeunes adultes, mais cela se fait, lentement mais sûrement.

Pour promouvoir la nouveauté, rien de mieux que les collations. Les activités de cuisine ou d'éveil sensoriel, en dehors des repas (sentir, toucher et goûter) auront un impact direct sur la réceptivité aux repas. Votre patience sera récompensée ! On peut être découragé en se disant qu'il est inutile de faire lécher les batteurs à son enfant puisqu'il ne mange jamais le gâteau… Mais, un jour, s'il décide de goûter au gâteau, rappelez-vous que ce sera grâce à cela.

Votre meilleure alliée, lorsque les aspects sensoriels viennent interférer avec l'alimentation, sera la « collation thérapeutique ». Cette expression peut sembler sérieuse et limitée à ce que les professionnels font lors d'exercices de rééducation. Toutefois, on l'appelle ainsi parce qu'elle est conçue dans le but d'aider l'enfant à relever ses défis, mais sa première caractéristique est avant tout d'être ludique. C'est un rendez-vous en dehors des repas pour s'amuser à explorer les sens avant tout, qu'il y ait consommation d'aliments ou pas. On jette les bases pour que l'enfant soit apte à gérer les stimuli qui sont en jeu lors d'un repas.

Le succès réside dans l'intégration très graduelle des habiletés dans le quotidien, au foyer, et non pas dans un laboratoire d'ergothérapeute ou un bureau de nutritionniste. Jouer à explorer les sens et les textures avec votre enfant l'aidera à se développer sur plusieurs plans, et puisque comme parent vous êtes significatif pour votre enfant, il peut vaincre ses peurs avec vous autant, sinon plus, qu'avec un étranger. Il ne faut donc jamais négliger l'impact de ces moments passés à s'amuser à « se salir » avec son enfant ! Toutefois, pour la collation thérapeutique, il faut se rappeler certaines règles afin que les principes du PARIS soient satisfaits :

- Si l'enfant perd l'intérêt, passez à une autre activité. Félicitez votre enfant souvent.

- Ne le forcez jamais à toucher, à sentir ou à goûter quelque chose. Allez-y graduellement, un sens à la fois, sachant que la vue et le toucher sont habituellement les préalables à l'odorat et au goût.

- Chaque activité a son utilité. La diversité des activités est importante pour maintenir l'intérêt, mais aussi pour développer les habiletés dans leur globalité.

- Les enfants aimeront pratiquer ces activités si les parents s'y investissent activement.

- Adaptez les activités aux capacités de votre enfant. Simplifiez-les ou rendez-les plus complexes selon son âge ou son niveau de développement.

- La meilleure façon d'apprendre est l'imitation. Inversez souvent les rôles lors de vos jeux.

- Les activités devraient être pratiquées en dehors des repas, à un moment de la journée où l'enfant est bien disposé (par exemple, lors de la collation). Trouvez un moment qui mettra toutes les chances de votre côté et, de préférence, faites-en une routine, toujours à la même heure, aux mêmes jours de la semaine.

- Portez attention au niveau de faim de votre enfant. S'il vient de souper, il ne souhaitera probablement pas jouer avec les aliments, surtout s'il a terminé son repas en vous lançant son assiette en pleine figure…

- Parfois, le jeu en soi est une récompense. Rien de plus n'est nécessaire. Toutefois, lorsque le défi est plus grand, la récompense peut encourager votre enfant à surmonter ses peurs. Cependant, les récompenses doivent être choisies judicieusement de façon à ne pas nuire à la relation avec la nourriture. (Par exemple, il ne faut jamais récompenser l'enfant par de la nourriture ou pour une quantité de bouchées. Cela dit, on peut le récompenser d'avoir fait les efforts pour surmonter ses défis ou d'avoir participé avec entrain aux activités.) De plus, les icônes et les pictogrammes peuvent aider l'enfant à comprendre la routine de la collation thérapeutique (le nombre de jeux, la séquence, ce qui est attendu avant d'avoir une récompense, etc.).

- Ne punissez jamais votre enfant s'il cesse de participer à une activité. Revenez-y à un meilleur moment, une autre journée.

- Assurez-vous toujours de terminer l'activité avec l'impression de réussite. Votre enfant souhaitera continuer à faire ces activités si elles se terminent en beauté et si celui-ci a l'impression que vous êtes fier de lui. Autrement dit, il ne le sait pas encore, mais il y aura toujours une récompense, ou un dénouement heureux, quoi qu'il fasse !

Activités amusantes pour promouvoir les habiletés sensorielles et ultimement l'acceptation de la variété

- **Faites la cuisine avec votre enfant.** Si vous avez à ne choisir qu'une seule activité pour désensibiliser votre enfant aux saveurs et textures, choisissez la cuisine ! Cuisiner fait appel au toucher, à l'odorat, au goût et favorise l'autonomie et l'interaction. C'est la plus complète des activités. Choisissez ensemble des livres de cuisine pour enfants ou ados à la bibliothèque et cuisinez. Laissez-le se salir et se lécher les doigts aussi souvent que désiré. Faites des biscuits, décorez un gâteau, façonnez des aliments en animaux (pâte d'amandes, emporte-pièce), fabriquez des cadeaux qui se mangent, comme des truffes, des confitures, des biscuits, offrez le petit déjeuner au lit à papa ou à maman. La clé du succès ? Ne perdez pas de vue qu'avant d'aimer manger santé, il faut aimer manger tout court ! Laissez derrière vous le sacro-saint *Guide alimentaire canadien* et laissez votre enfant choisir les recettes selon ses préférences. Une fois la routine installée, il sera plus facile pour lui de se surpasser en explorant des aliments qu'il ne choisirait pas d'emblée.

- **Préparez de la pâte à modeler maison.** Choisissez différentes recettes de pâte à modeler maison et « expérimentez » en ajoutant de la texture : pépites de chocolat, noix de coco, etc. Vous pouvez aussi jouer à cacher des objets dans des boules de pâte à modeler (voir recettes de pâtes à modeler maison).

- **Faites des jeux de dégustation ou d'odorat.** Faites choisir quelques aliments différents à votre enfant afin qu'il puisse vous les faire goûter ou sentir. Après quelques reprises, offrez à votre enfant de prendre votre place. Il vous le proposera peut-être lui-même… Laissez-le choisir les aliments que vous lui ferez goûter tant qu'il le souhaite. (À noter : Ne surprenez jamais l'enfant avec des aliments qu'il n'accepte pas.) Vous pouvez choisir au hasard un thème spécifique : une couleur, une texture, un groupe alimentaire, etc.

- **Pour l'enfant qui n'est pas prêt à «goûter» ou à «sentir»,** commencez par le désensibiliser à la vue des aliments. Feuilletez des circulaires d'épicerie avec lui et laissez-le choisir ce qui lui semble bon. Découpez les photos, accumulez-les dans une grande enveloppe ou un sac. Un jour, vous pourrez jouer à piger au hasard un aliment qui sera acheté à la prochaine épicerie. Sur une grande affiche ou au dos d'un vieux *poster*, dessinez un grand panier d'épicerie. Chaque fois qu'il aime un aliment, collez la découpure ou l'étiquette du produit dans le panier. L'enfant se concentre ainsi sur ce qu'il aime plutôt que sur ce qu'il n'aime pas. Vous pouvez le récompenser quand une certaine quantité d'aliments a été ajoutée au panier. Vous pouvez aussi diviser votre panier en quatre groupes alimentaires. Le but est de faire réaliser à votre enfant qu'au bout du compte, il aime beaucoup de choses quand il se donne la peine de goûter.

> *Mon enfant a de la difficulté à s'adapter aux textures, à accepter que les aliments se touchent. Quand je pense à l'alimentation, comme parent, je me sens désabusé!*

- **Dans la même veine, réalisez un *scrapbook* en photographiant votre enfant quand il mange un nouvel aliment et faites-en un album avec les photos.** Toutes ces photos pourront aussi servir à créer des pictogrammes pour les séquences tournant autour de l'alimentation et pour afficher le menu du jour le matin sur le frigo.

- **Jardinez avec votre enfant.** Les petits projets de jardinage dans la maison, comme les pousses de luzerne, les noyaux d'avocat, les fines herbes et les petites tomates… Tout cela aide l'enfant à comprendre la source de nos aliments, et toucher la terre, l'eau et la boue est une expérience sensorielle en soi. Et il est beaucoup plus agréable de goûter à quelque chose que l'on a planté avec amour… Même si l'on n'a pas vraiment la possibilité de faire un vrai jardin, il existe plusieurs choses qui peuvent pousser dans des pots sur un balcon ou dans les boîtes à fleurs.

- **«Jeu de la boîte sensorielle».** Cachez différents éléments texturés ou objets odorants dans une boîte fermée avec seulement un petit espace pour y glisser la main. L'enfant pige à l'aveugle les différentes choses. Augmentez éventuellement le défi en plaçant des aliments dans de petits contenants et mettez-les dans la boîte. Commencez par des aliments à toucher, ensuite à sentir et ensuite à goûter (voir encadré ci-dessous).

Suggestions d'éléments à mettre dans la boîte sensorielle

Papier sablé, plumes, tissus rugueux, tissus doux, fourrures, animaux gluants, collants ou qui chatouillent, chandelles odorantes, boules de coton imbibées de divers parfums ou d'huiles essentielles dans des boîtes de pilules, bonbons ou petits morceaux d'aliments dans des œufs de plastique (vendus surtout à Pâques).

- **« Jeu du bac à lentilles ».** Dans un grand récipient, mettez des lentilles de couleurs différentes (ou du riz blanc, pour les enfants plus sensibles) et cachez-y des objets ou les petites récompenses des collations thérapeutiques. Il devra y plonger la main pour aller chercher ces objets. Les jeux dans des bacs à sable peuvent aussi être un bon substitut. De petites figurines dans un grand bac de sable avec un couvercle que l'on peut mettre sur le balcon ou une petite pataugeoire en plastique remplie de sable avec un couvercle peut devenir une expérience sensorielle en soi.

- **« Peinturer avec ses doigts ».** (voir recette de peinture comestible) Trempez vos doigts dans la peinture comestible et faites de beaux dessins ! N'hésitez pas à faire des bols de couleurs différentes. Variez avec du Jello ou du yogourt. Pour les petits qui refusent de se salir, commencez avec une activité de peinture comestible avec des étampes façonnées dans des pommes de terre !

- **« Guimauves colorées ».** Prenez une grosse guimauve et trempez-la de tous les côtés dans l'eau, puis déposez-la dans un sac ou un contenant de plastique dans lequel vous avez versé un sachet de poudre pour gelée. Refermez le sac ou le contenant, secouez-le, retirez-en la guimauve et déposez-la dans une assiette. On peut utiliser différentes couleurs de poudre.

- **« Saveurs en aérosol ».** Dans des vaporisateurs différents et remplis d'eau, ajoutez des saveurs différentes. Diluez-les. Jouez à tenter de deviner la saveur en vaporisant une petite quantité sur la langue. Vous pouvez augmenter le défi en colorant l'eau avec du colorant alimentaire.

Les défis d'ordre « oromoteur »

L'acte de manger sollicite plusieurs processus cognitifs, mais aussi la coopération de plusieurs petits muscles bien précis. Mastiquer exige une répétition de mouvements et toute une coordination où les aliments sont périodiquement ramassés par la langue et ramenés au centre. Ces réflexes peuvent être plus difficiles à acquérir pour l'enfant autiste. Lorsque la mastication devient une corvée, ou que le fait d'avaler crée une certaine peur, cela peut effectivement rendre l'enfant réfractaire à certains groupes d'aliments. Pour régler le problème, il faut aider l'enfant à développer ces capacités, et le suivi de professionnels qualifiés peut être nécessaire si le retard se fait sentir de façon trop importante.

Capacité	0-2/3 mois	3-6/7 mois	7-10/11 mois	11-15/16 mois	16-24 mois et plus
Alimentation (motricité orale)	Tète	Suce/ mord	Mâche	Mastique	Mastique bien
Texture des aliments (réactivité sensorielle)	Liquide	Purée	Grumeaux	Haché en morceaux	Nourriture de table
Instruments	Sein/ biberon	Cuillère	Tasse/doigts	Mange seul	Fourchette
Langage	Gazouille	Babille	Sons détachés	Mots détachés	Mots associés
Motricité fine	Agite les doigts	Saisit/ retient	Transporte	Relâche/lance	Griffonne
Motricité globale	Soulève la tête	Se tourne	S'assoit seul	Se tient debout/marche	Court/ saute

Source : Dre Maria Ramsay

L'ajustement des textures : la pierre angulaire d'un apport suffisant

Pour tous les enfants, le fait d'avoir à manger des aliments coupés trop gros ou d'utiliser une trop grosse cuillère peut les amener à refuser des aliments ou à éventuellement les avaler tout rond sans les mastiquer, jusqu'à ce qu'ils décident enfin de les exclure du répertoire. L'inverse est aussi vrai : n'offrir que des aliments coupés pas plus gros qu'un pois empêchera l'enfant d'apprendre à mastiquer. Le succès réside donc dans l'équilibre et la patience. Il faut progresser au rythme de l'enfant et lui faire confiance. Parfois, il faut aussi faire un pas en arrière pour mieux avancer. Surtout, il faut déterminer les raisons qui préoccupent son enfant quant à une certaine texture. Si votre enfant rejette un aliment, faites l'expérience de mettre cet aliment dans votre bouche et de fermer les yeux afin de vivre la sensation complète de mastiquer cet aliment. Vous aurez une idée plus claire de ce qu'il « vit » dans sa bouche ou du défi que cela peut représenter pour lui.

Âge de l'enfant	Types et consistance des aliments	Capacités acquises et appétit	Problèmes rencontrés
0-2 mois	Lait/formule maternel	Tête : bon rythme/soutenu Appétit : se réveille/pleure pour être nourri	Repas trop courts ou trop nombreux; s'endort pendant le repas
3-6 mois	Purées	Mord bien/réflexe de succion Nourri à la cuillère (saveurs, texture) Appétit : recherche nourriture, pleure pour manger	Protrusion de la langue Refuse aliments en purée Ne recherche pas la nourriture
7-10 mois	Grumeaux/ mixés	Latéralisation des aliments en fonction des dents Mâchouille/mouvements de la bouche Commence à boire à la tasse	Régurgite/vomit grumeaux Pas ou peu de motricité buccale Refuse de boire à la tasse

Âge de l'enfant	Types et consistance des aliments	Capacités acquises et appétit	Problèmes rencontrés
11-15 mois	Morceaux hachés fin	Langue essuie les aliments sur les lèvres	Non présent
		Latéralisation de la langue	Avale tout rond
		Aime une variété de morceaux	Crache/vomit les morceaux
		Mange avec les doigts	Ne se nourrit pas seul
		Demande les aliments par leur nom	Ne demande pas à manger
16-24 mois et plus	Nourriture de table	Mouvement de mastication évolué	Non présent
		Mange seul	Doit encore être nourri
		Boit à la tasse	Peut être encore au biberon
		Aime tous types d'aliments	Sélectif, mange lentement
		Excellent appétit	Mange comme un « oiseau »

Source : Dre Maria Ramsay

Ensuite, il vous suffira de lui faciliter la vie en revenant aux consistances avec lesquelles il est à l'aise. Une fois les aptitudes pour cette consistance acquise, la progression à une autre texture sera possible. Le meilleur apport alimentaire fournira les nutriments nécessaires à un meilleur état général, à une meilleure masse musculaire, à un meilleur niveau d'énergie, ce qui contribuera à faciliter la progression du développement général de l'enfant. Trop souvent, les enfants qui ont de faibles capacités oromotrices abandonnent par fatigue avant d'être complètement rassasiés et cela explique une croissance sous-optimale. Le guide modifié en texture (voir annexe, p. 137) constitue un bon point de départ en regroupant des aliments de complexité moindre pour chacun des groupes alimentaires. Le but est de contribuer à faciliter la mastication afin d'augmenter l'apport en énergie, protéines, glucides et lipides. C'est un préalable important au développement de la motricité.

Si votre enfant est capable de bien gérer les consistances plus molles et que vous observez une augmentation des portions quand on lui facilite ainsi la vie, il a peut-être une difficulté oromotrice qu'il serait sage d'identifier en consultant un professionnel, notamment un nutritionniste œuvrant auprès des enfants, qui travaillera de concert avec des ergothérapeutes afin de bien déterminer le problème en cause. Si votre enfant semble refuser des aliments pour des raisons motrices, rassurez-vous ! Une difficulté oromotrice est rarement permanente, elle évolue dans le temps. Il s'agit la plupart du temps de muscles qui doivent être exercés et il suffit de faire les bons exercices pour favoriser leur développement. Dans une telle éventualité, ne vous privez pas de conseils de spécialistes, car plus tôt les problèmes oromoteurs sont dépistés, plus ils ont de chances de se résoudre. Ces problèmes peuvent aussi être associés à des retards de développement dans d'autres sphères que l'alimentation et il est possible que votre enfant ait besoin de soutien pour d'autres aptitudes de la vie quotidienne.

Stimuler les capacités oromotrices par le jeu

Comme pour les aspects sensoriels, il est plus efficace de proposer à l'enfant de relever ses défis oromoteurs en dehors des repas. Voici quelques idées d'activités ludiques qui, sans générer aucun stress, favorisent le développement des capacités orales en développant les muscles impliqués dans la mastication, la déglutition ou en améliorant le tonus des muscles en général pour effectuer une meilleure fermeture de la bouche ou renforcer les mouvements latéraux de la langue. Sans entrer dans les détails, il existe toute une foule d'activités qui pourraient être suggérées par un professionnel pour développer spécifiquement un muscle, et si les troubles oromoteurs de votre enfant sont importants, vous avez avantage à consulter un spécialiste. Mais, pour la plupart des enfants, ces quelques jeux peuvent permettre de rattraper un léger retard dans les capacités oromotrices. Nul besoin d'être ergothérapeute ou nutritionniste pour jouer avec son enfant. Il suffit de s'amuser et de « répéter » souvent !

Jeux simples pour favoriser l'autonomie dans l'alimentation, dont la motricité globale

- Avec de la pâte à modeler, faites semblant de préparer un repas et de manger avec des ustensiles. Pour éviter que l'enfant ne comprenne que la pâte à modeler est comestible, faites manger les nounours, les poupées.

- Utilisez un service à thé pour préparer un repas avec la petite vaisselle en utilisant de vrais aliments et de vrais liquides. Faites cela à l'extérieur lorsque cela est possible pour ne pas vous inquiéter des dégâts, et alternez les tours de service… Cet exercice permet aussi de diminuer la rigidité fréquente qu'ont les enfants autistes en exigeant une vaisselle qui leur est réservée.

- Dans le bain, laissez l'enfant utiliser l'eau froide du robinet pour remplir ses contenants et faire semblant de manger, comme si c'était de la soupe à la cuillère.

- Inversez les rôles ! Demandez à l'enfant de vous nourrir… C'est lui qui doit tout préparer et prendre le bon ustensile pour vous nourrir. Vous n'avez qu'à ouvrir la bouche !

Activités favorisant les habiletés oromotrices (mastication, déglutition, fermeture de la bouche)

- Faites des grimaces ou reproduisez les sons d'animaux. Laissez Calvin et Hobbes vous inspirer ! Agitez la langue, tirez-la, poussez-la dans la joue, bombez les joues, rentrez-les, faites des OU, I et A, donnez des baisers à un « toutou », etc. N'ayez pas peur du ridicule ! Les grimaces et les bruits font travailler les muscles du visage, incluant ceux qui servent à mastiquer, à avaler, à parler, tout en permettant de bien rigoler.

Voici une variante du jeu de l'âne. Les yeux fermés, tentez de toucher une partie du visage de votre enfant (prédéterminée à l'avance). Quand vous avez touché la bonne partie, votre enfant fait le bruit d'un âne ou d'un autre animal.

- Reproduisez des photos d'émotions ou d'actions avec le visage : tristesse, surprise, joie, colère, dégoût, ennui ou bâillement, sifflotement. Cela aidera également sur d'autres plans, entre autres sur celui de la reconnaissance des codes sociaux.

- Jouez à l'oiseau moqueur. Faites un mouvement ou un bruit avec votre bouche que votre enfant doit reproduire, par exemple bouger la langue rapidement, « pouffer » les joues, faire le cheval, faire des bruits de « becs ». Imitez ses bruits à lui en retour.

- Jouez à l'aspirateur. Mettez des mouchoirs sur la table ou le plancher et aspirez-les avec une paille. Pour les plus jeunes enfants, des bouts de mouchoir peuvent convenir. Rassemblez-en le plus possible dans une boîte en tentant de ne pas les laisser tomber.

- Faites des bulles. Mettez un peu d'eau dans un verre transparent. Soufflez dans l'eau avec une paille. Le geste de souffler est important pour favoriser la mastication. Ne boudez pas les flutes en papier et les petits instruments de musique. Ce sont loin d'être des jeux inutiles. Ils servent à apprendre à faire beaucoup plus que du bruit…

- Soufflez sur des objets légers. Mettez une poignée d'ouates, quelques balles de ping-pong ou des plumes sur une table et soufflez-les l'un vers l'autre, chacun votre tour. Ensuite, jouez à souffler sur ces objets avec une paille (plus la paille est grande, plus c'est facile). Pour augmenter l'intérêt de l'enfant, faites des buts avec des cure-pipes au bout de la table et jouez au hockey ou faites des routes avec les cure-pipes.

- Faites des bulles de savon. Jouez dehors ou dans le bain. Choisissez des jeux de bulles et du savon à bulles qui fonctionnent bien pour éviter la frustration.

- Jouez au dentiste pour exercer l'ouverture de la bouche. Demandez à votre enfant de regarder dans votre bouche avec une petite lampe de poche, et vice-versa, par exemple pour compter les dents, les observer, etc.

- Laissez l'enfant se lécher les « babines ». Pour ce jeu, profitez de la consistance collante du beurre d'arachides ou du Nutella. Mettez-en de petites quantités autour de la bouche de l'enfant à différents endroits et laissez-le lécher le tout. Cet exercice augmente la mobilité de sa langue et son tonus musculaire et le désensibilise sur les plans des défenses sensorielles et du toucher dans la région autour de la bouche.

Les repas : une affaire de famille

Essayez le repas convivial. Pour certains enfants, voir tout plein d'aliments au centre de la table peut être souhaitable, pour d'autres, ce peut être une surstimulation visuelle et olfactive, d'où l'importance de bien connaître son enfant. Mais, si vous désirez changer la dynamique des repas, tentez de mettre les aliments au milieu de la table et de laisser chacun se servir à sa guise... Vous aurez probablement de belles surprises. Tout le monde voudra se resservir, et votre enfant aura envie d'imiter les autres. Le fait de ne pas avoir de portions imposées améliore souvent la motivation à manger.

Simplifier l'alimentation

> *Nous sommes chanceux, car en général, notre fils aime manger. Son problème est sur le plan social. Il tolère quelques personnes, mais s'il y a trop de gens, il ne reste pas à table.*

Simplifiez l'alimentation et la présentation. L'intégration sensorielle se fait petit à petit. Évitez les repas complexes. Par exemple, si vous servez une lasagne, elle n'est peut-être pas accessible pour votre enfant. Par contre, si vous servez les ingrédients séparés, comme les pâtes avec ou sans sauce, la viande à part et les légumes à côté, tous ces aliments séparés les uns des autres dans une assiette à trois ou quatre cases, votre enfant pourra mieux s'y habituer. Il se peut aussi que votre enfant tienne à avoir sa propre assiette, son propre ustensile. Si cela l'aide à manger et le rassure, pourquoi pas ! ? Vous n'aurez que moins de vaisselle à laver ! Et c'est parfois un allié lors de sorties, car certains enfants acceptent de manger à l'extérieur quand leur couvert personnel fait la sortie avec eux !

Essayez la technique du plat-sur-plat. Pour faciliter l'acceptation, on peut offrir les aliments en séquence, les uns après les autres, ce qui peut aider à maximiser l'apport. Votre enfant se concentre sur la viande, ensuite sur le légume, ensuite sur les nouilles. Cette présentation peut être plus sécurisante pour lui.

Le confort lors des repas

La majorité des enfants ont ingéré leurs calories dans les quinze ou vingt premières minutes du repas. Pour l'enfant, rester assis, c'est être immobile, et cela n'est peut-être pas un défi pour nous, mais ce peut l'être pour plusieurs enfants, même pour ceux qui ne sont pas autistes. S'éterniser au-delà de ce que l'enfant peut tolérer comme immobilité ne peut que le rendre plus réfractaire aux repas. Il anticipera le fait d'être en quelque sorte pris en otage. Rester assis dans une chaise de type *booster*, les pieds pendants, n'est pas accessible à tous les enfants autistes, surtout ceux qui ont des défis de proprioception. Le simple fait de supporter les pieds, donc d'offrir une stabilité à l'enfant, ou de revoir la hauteur de la chaise par rapport à la table peut modifier son expérience et lui permettre de se concentrer sur le repas.

La dimension de la table, et tout ce que l'on y met, peut aussi être en jeu. Pour certains enfants, voir tout plein d'aliments au centre de la table peut être souhaitable, pour d'autres, ce peut être une surstimulation visuelle et olfactive. Il faut comprendre les défis de son enfant pour pouvoir lui faciliter les repas.

Les *animaux lourds* sont parfois utiles pour aider un enfant à diminuer son anxiété à table. Certains peuvent être déposés sur ses cuisses, d'autres, autour de son cou, et il en existe une grande variété de toutes sortes de grandeurs. Étonnamment, ces compagnons ont un effet très rassurant, surtout pour les enfants qui ont des défis proprioceptifs (voir questionnaire, p. 21).

La routine : la clé du succès

Votre enfant a peut-être besoin de savoir à l'avance ce qui se passera dans sa journée pour mieux évoluer. Si les pictogrammes sont efficaces pour mieux encadrer votre enfant dans d'autres sphères que l'alimentation, pourquoi ne pas les utiliser pour mieux organiser et lui faire comprendre la routine des repas ? Même nous, adultes raisonnables que nous sommes, aimons bien savoir ce qui nous attend au moment du repas ! Par exemple, les pictogrammes des aliments composant le menu du jour peuvent être installés sur le réfrigérateur dès le matin, ce

> *Comme avec les autres enfants, je crois que la routine de repas aide à réduire les crises.*

qui laisse amplement le temps à votre enfant d'apprivoiser ce qui s'en vient.

Les enfants autistes comprennent les séquences. Ils doivent vivre les repas d'une façon assez stable d'une fois à l'autre. Ce qui se passe avant, ce qui se passe pendant et ce qui se passe après le repas, tout cela est important pour l'autiste. Peu importe la routine, il doit y en avoir une. Ce peut être une routine farfelue, mais si elle fonctionne et vous empêche d'enclencher un combat de coqs avec votre enfant ou de le désorganiser à chaque repas, adoptez-la. Il faut aussi inclure le fait de garder des heures de repas assez constantes. Trois repas et deux ou trois collations à peu près aux mêmes heures, conformément à la faim de votre enfant, vous aideront à rendre les habitudes et l'appétit plus prévisibles.

Je n'aurais jamais cru que mon fils s'ouvrirait à accepter différents aliments. Il a maintenant dix-huit ans et il s'est développé une passion pour la cuisine! Il a juste pris plus de temps que les autres, mais il s'est éveillé sur ce plan-là, lui aussi!

Respecter les signaux de faim et de satiété

En général, les enfants sont très près de leurs signaux de faim et de satiété. Lorsque l'enfant a faim, il s'agite. Cela survient beaucoup plus souvent qu'on le croit. Le glucose qui circule dans le sang est épuisé après environ trois heures chez l'adulte. La faim se fait alors sentir. Pour l'enfant, les réserves sont encore moins grandes. Et pour l'autiste qui a de la difficulté à gérer les sensations, la douleur de la faim suffit à elle seule pour le désorganiser complètement et lui enlever ses chances de bien se comporter à table. Rester trois heures sans manger correspond pour certains à un exploit, surtout pour les plus actifs! Il ne sert à rien de les conditionner à rester sur leur faim, c'est peine perdue et contre-productif. Cela est encore plus vrai pour les autistes qui aiment avoir leur repas toujours aux mêmes heures, et avec raison. Les contrôles internes de l'apport alimentaire sont innés, ils ne se modifient pas, quoiqu'ils puissent évoluer avec l'âge, à mesure que le corps grandit. Ce qui est modifiable, c'est l'environnement. Les adultes peuvent aider l'enfant à identifier sa faim, à la communiquer, ainsi que sa satiété, afin qu'il se développe bien. Il nous faut ensuite l'honorer d'une prise alimentaire appropriée à sa routine, c'est-à-dire que c'est à nous de juger ce qui sera offert pour éviter de gâcher la faim du repas suivant. C'est aussi à nous de juger si l'heure à laquelle nous sommes prêts à manger est réellement adaptée au ressenti de notre enfant. Obliger son enfant à rester une heure sur sa faim pour souper tous en famille n'a pas de sens pour l'enfant. La faim devient une source de souffrance interne qui risque de le rendre moins bien disposé au moment du repas. Soit il sera affamé et désorganisé, soit la faim se sera transformée en nausée et l'appétit n'y sera plus. Comment harmoniser les contraintes des parents et celles de l'enfant ? La clé réside dans la gestion des collations. Si vous voulez manger à dix-neuf heures, il vous faudra avoir donné au moins deux collations à votre enfant entre midi et dix-neuf heures, car il se sera écoulé sept heures. Placez-les stratégiquement. Offrez une collation plus ou moins riche en énergie selon que le repas approche ou non. Voyez l'impact sur le comportement de votre enfant au repas et rajustez le tir. Si vous prévoyez le repas dans une heure, offrez-lui des sucres rapides, comme un fruit, qui se dissiperont rapidement et permettront une bonne faim au souper. Si vous en avez pour plus de deux heures, offrez-lui une collation qui ressemble à un minirepas, qui inclut des glucides et des protéines. Cela lui permettra de patienter plus longtemps. Tout est une question d'observation, d'expérimentation et de rétroaction. Une fois que vous avez découvert la routine idéale, répétez-la. Vous devriez voir des améliorations importantes dans le comportement de votre enfant à table. Non seulement le respect de ses signaux internes est garant de santé et prévient plusieurs maladies chroniques, mais il est également un critère essentiel à une bonne relation avec la nourriture. À cet égard, les enfants autistes en connaissent souvent plus que leurs parents…

Cesser le champ de bataille

Évitez de forcer l'enfant à manger, de commenter ses refus outre mesure et de lui faire un menu spécial, sauf exceptionnellement, quand il n'y a pas une autre option. Bien sûr, il y aura des moments où vous ne vous sentirez pas d'attaque pour apprendre à votre enfant les bonnes manières, et lui préparer le menu « fétiche » que lui seul est heureux de manger encore et encore fera du bien à tout le monde. Il est alors préférable de rendre deux menus disponibles à l'ensemble de la maisonnée en mettant tout au centre de la table et en offrant un choix à tous. Ainsi, votre enfant ne verra pas ce choix comme spécialement pour lui. Quoi qu'il en soit, il vaut toujours mieux laisser votre enfant exprimer son refus, le respecter dans ce refus en lui signifiant que s'il n'a pas envie de manger, c'est son choix, et éviter de vous obstiner avec lui. Tentez toutefois de comprendre les raisons des refus qui sont systématiques plutôt que de les laisser perdurer. Si vous n'avez aucune idée du pourquoi votre enfant refuse certains aliments, la grille d'observation fournie plus haut est un bon début. En attendant de savoir pourquoi, offrez-lui ce qui fonctionne, modifiez ce qui ne fonctionne pas à sa guise et laissez votre enfant apprécier son repas et surtout perdre ses réflexes d'opposition. Il lui faudra quelques semaines pour réaliser que vous ne vous entêtez plus, et il retrouvera fort probablement de meilleures dispositions à table. Jouer avec les aliments, vaincre ses peurs en dehors des repas, voilà votre cheval de bataille. Toute animosité au repas sera contre-productive ! Libérez-vous de cette culpabilité de ne pas fournir une alimentation idéale à votre enfant, car très rares sont les enfants qui ont une alimentation parfaite ! Une alimentation optimale comble les besoins tant physiques que psychologiques de votre enfant et lui permet de se développer le mieux possible sur tous les plans. Il y a plusieurs façons de fournir des nutriments à son enfant pour qu'il grandisse bien. La section qui

> *Nous ne pouvions pas sortir du tout avec notre fille. Maintenant, elle accepte de manger à l'extérieur à condition que l'on apporte son couvert. Pour nous, c'est un gros progrès, nous pouvons avoir une vie sociale.*

suit vous donnera des astuces pour mieux combler ses besoins sans que vous ayez pour autant à attendre qu'il soit le bon mangeur dont vous rêvez avant de dormir tranquille. Pour que ce rêve se réalise, rien de mieux que de s'amuser à manger !

Recettes pour s'amuser

BISCUITS ESCARGOTS

Ces biscuits peuvent représenter un défi sensoriel pour certains enfants qui ont peur de mettre littéralement la main à la pâte, mais la plupart seront heureux d'avoir relevé le défi une fois qu'ils auront goûté au « fruit » de leur travail !

1 tasse (250 ml) de farine

¼ tasse (60 ml) de poudre d'amandes

1 c. à thé (5 ml) de cacao

½ c. à thé (2 ml) de gingembre moulu (facultatif)

1 c. à thé (5 ml) de poudre à pâte

3 œufs

1 tasse (250 ml) de sucre

¾ tasse (175 ml) d'huile de canola

Quelques pépites de chocolat (pour la déco)

Un mélange de ¼ tasse (60 ml) de sucre à glacer et 1 c. à thé (5 ml) de cannelle (facultatif) pour en saupoudrer les biscuits une fois cuits.

Mélanger les ingrédients secs. Dans un autre bol plus grand, mélanger les œufs et l'huile et ajouter les ingrédients secs. Bien mélanger et façonner des serpentins afin de les enrouler à la manière d'un escargot. Utiliser les pépites pour faire les yeux. Cuire à 135 °C (275 °F) de 12 à 15 minutes. Saupoudrer les biscuits du mélange de sucre à glacer à leur sortie du four.

Boules colorées de maïs soufflé

(ENVIRON VINGT BOULES)

¾ tasse (175 ml) de sirop de maïs ou de miel

¼ tasse (60 ml) de margarine

2 c. à thé (10 ml) d'eau

½ tasse (125 ml) de sucre à glacer

3 guimauves « jumbos » de la couleur de votre choix

10 tasses de maïs soufflé

Ces boules se préparent à la manière des carrés au riz soufflé traditionnels.

Faire fondre les ingrédients, sauf le maïs soufflé, dans une casserole. Retirer le mélange du feu et y ajouter le maïs soufflé. Une fois le mélange suffisamment refroidi, façonner des boules en enduisant un peu les mains de margarine pour que le tout ne colle pas. Conserver dans des Ziploc ou contenants hermétiques. Faute d'avoir des guimauves jumbos, utiliser six grosses guimauves blanches et du colorant alimentaire.

Voilà une bonne façon d'apprivoiser une texture collante et d'habituer un enfant à se salir !

GÂTEAU ÉCLAIR DANS UNE TASSE

(2 PORTIONS)

C'est la recette parfaite pour l'expérimentation d'enfants qui n'ont jamais cuisiné. Elle est simple et réussit à tout coup en plus d'être très populaire auprès des enfants.

À noter : Si votre enfant souffre d'allergie et qu'il doit aller à une fête, vous pourrez lui préparer rapidement une portion de gâteau pour qu'il ne se sente pas lésé. Ainsi, vous n'aurez pas non plus à préparer tout un gâteau.

1 œuf

¼ ou ⅓ tasse (60 ou 80 ml) de sucre*

⅓ ou ½ tasse (80 ou 125 ml) de farine au choix* (pour un style « muffin », les flocons d'avoine donnent de bons résultats)

3 c. à table (45 ml) d'huile (pour une variante au beurre d'arachides, remplacer l'huile par le beurre d'arachides)

3 c. à table (45 ml) de lait au choix (chocolat, vanille, etc.)

1 c. à thé (5 ml) de poudre à pâte

1 à 3 c. à table (15 à 45 ml) de garniture au choix : cacao, pépites de chocolat, bleuets congelés, noix, purée de bananes

*Les quantités de sucre et de farine doivent être ajustées selon le choix des garnitures. Pour une garniture sèche, comme le cacao, ajouter moins de farine. Pour une garniture humide, comme les fruits congelés, en ajouter plus. Si la garniture est sucrée, réduire la quantité de sucre.

Dans une grande tasse, bien mélanger l'œuf et le sucre. Ajouter les autres ingrédients, bien mélanger et battre avec le batteur à puissance maximale pendant environ deux minutes.

À noter : Une fois que vous maîtriserez bien cette recette, les variantes sont infinies ! Citrons, carottes, épices... Pour une teneur plus élevée en protéines, remplacez environ le tiers de la farine par des amandes moulues.

FAIRE SON REPAS SOI-MÊME… DANS UNE TASSE !

½ tasse 125 ml riz cuit

2 c. à table (30 ml) de petits pois surgelés, ou de petits légumes congelés, ou de pois mange-tout

½ tasse (125 ml) de poulet cuit coupé en dés

1 œuf

1 c. à table (15 ml) de sauce soya ou tamari

1 c. à thé (5 ml) d'huile de canola

Réchauffer le riz une minute au micro-ondes. Ajouter le poulet et les légumes, chauffer une minute en recouvrant d'une pellicule plastique perforée. Pendant ce temps, battre l'œuf avec la sauce soya et l'huile. Ajouter au riz, mélanger et chauffer trente secondes de plus. Mélanger et laisser reposer une minute avant de servir.

PÂTE À MODELER MAISON, NON COMESTIBLE, MAIS NON TOXIQUE

Cette recette simple se conserve longtemps au réfrigérateur. Elle est non toxique, mais son goût est désagréable.

1 tasse (250 ml) de farine

½ tasse (125 ml) de sel

2 c. à thé (10 ml) de crème de tartre

1 tasse (250 ml) d'eau

Colorant alimentaire

Dans une casserole, mélanger la farine, le sel et la crème de tartre. Ajouter graduellement l'eau. Mettre du colorant alimentaire. Faire cuire en brassant à la cuillère de bois jusqu'à formation d'une boule dont la texture n'est plus laiteuse. Elle commencera à devenir plus translucide. Laisser refroidir suffisamment pour pétrir. Conserver au réfrigérateur dans un récipient hermétique.

PÂTE À MODELER QUI GOÛTE BON ET QUI SENT BON !

Cette pâte à modeler est totalement comestible. Elle permet de faire des figurines comestibles ou de décorer des gâteaux.

1 ¾ tasse (450 ml) de sucre en poudre

⅛ tasse (25 ml) de sirop de maïs ou de sirop d'érable

¼ c. à thé (1 ml) de sel

2 c. à table (30 ml) de margarine

½ c. à thé (2 ml) de vanille ou d'une autre essence naturelle (citron, érable, etc.)

Mélanger tous les ingrédients et ajuster la consistance avec un peu de sucre en poudre si le mélange est trop collant. Façonner des formes et les déguster.

NUTTY PUTTY

1 tasse (250 ml) de sucre en poudre

1 tasse (250 ml) de lait en poudre

¾ tasse (175 ml) de beurre d'arachides

¾ tasse (175 ml) de sirop de maïs ou de miel

Pépites de chocolat, bonbons à gâteau ou noix de coco râpée (pour décorer ou pour mêler à la recette afin d'ajouter de la texture)

Mélanger tous les ingrédients.

À noter : Vous pouvez remplacer le lait en poudre par de la poudre de coco. Cette recette est agréable au goût et c'est une source de protéines et de calories pour les petits appétits. Vous pouvez donc laisser vos enfants la consommer s'ils en ont envie !

PEINTURE COMESTIBLE

Cette peinture comestible est préparée à partir de farine de maïs. Elle est donc sans gluten.

½ tasse (125 ml) de farine de maïs

¼ tasse (60 ml) d'eau froide environ

1 tasse (250 ml) d'eau bouillante

Colorant alimentaire

Dans un Pyrex, délayer la farine de maïs dans de l'eau froide. Ajouter l'eau bouillante et mélanger. Faire chauffer au micro-ondes de 20 à 30 secondes. La pâte sera épaisse. Ajouter de l'eau froide graduellement et le colorant de la couleur choisie jusqu'à ce que la peinture soit de la consistance désirée. Elle s'étale bien avec les doigts sur du papier glacé.

Nourrir son enfant... sans y laisser sa peau !

Vis ta vie de la façon que tu aimerais que tes enfants vivent la leur.

– Michael Levine

Il circule une multitude d'hypothèses tentant d'expliquer les causes de l'autisme. Les enjeux nutritionnels n'échappent pas à cet engouement et sont même devenus tellement diversifiés qu'il est difficile de distinguer ce qui tient de l'arnaque de ce qui comporte un fond de vérité. De plus, même quand les prétentions semblent fondées, sont-elles justifiées, sans risques et adaptées à notre enfant ? Cette section ne prétend pas pouvoir établir exactement ce qui a des chances de fonctionner avec votre enfant, mais elle fera la lumière sur ce qui pourrait s'avérer des avenues prometteuses qui méritent d'être explorées. Par ailleurs, je tenterai de faire ressortir les solutions qui pourraient être nuisibles ou simplement inutiles. J'espère qu'une fois la confusion levée, vous pourrez départir le bon grain de l'ivraie et consacrer votre énergie à des approches favorables à la santé globale de votre enfant.

Cela dit, on ne peut pas nier que de multiples différences existent entre les enfants autistes et neurotypiques. Ces différences, quoique constatées, sont loin d'être élucidées. C'est une ère très fertile pour les chercheurs en ce qui concerne l'autisme, mais aussi très frustrante, car ils en sont encore surtout à l'observation. La plupart du temps, les raisons pour expliquer ces différences sont assez hypothétiques. Nous sommes loin d'être en mesure d'énoncer des lignes directrices pour la communauté médicale, car en matière de nutrition, tout est encore confus, et les évidences contradictoires abondent. Vu le diagnostic d'autisme qui est si difficile à confirmer et à objectiver et vu le large éventail des manifestations, il n'est pas étonnant que les résultats soient si fluctuants d'une étude à l'autre. Mais, les morceaux de casse-tête s'accumulent et il faut garder espoir que des avancées importantes permettront bientôt de voir apparaître un portrait plus complet des avenues nutritionnelles permettant de mieux gérer les défis alimentaires propres à l'autisme.

J'ai un éducateur pour m'aider. Parfois, je me sens submergée, car les gens ne comprennent pas l'autisme.

En quoi les enfants autistes sont-ils différents des autres ? Avant tout, se nourrissent-ils réellement différemment des autres ? Lorsque notre enfant est autiste, il est tentant d'associer tous les comportements alimentaires rigides à l'autisme, alors que tous les enfants manifestent à un certain degré des caprices alimentaires. De plus, la distinction entre enfant difficile et enfant avec trouble de l'alimentation est mince. C'est souvent une question de degré, donc très subjectif. Voici quelques signes qui vous mettront la puce à l'oreille.

Mon enfant a-t-il un trouble de l'alimentation ?

Enfant « difficile »	Enfant avec un trouble du comportement alimentaire
La variété d'aliments tolérés est diminuée (environ 30 aliments).	La variété d'aliments tolérés est grandement diminuée (20 aliments ou moins).
Les aliments acceptés changent, certains disparaissent du répertoire et d'autres arrivent ou reviennent.	Les aliments changent très peu, ils ont plutôt tendance à diminuer avec le temps.
Même si l'enfant ne mange pas tous les aliments, il est en mesure de les tolérer dans son assiette, et il peut les toucher.	Les aliments que l'enfant ne mange pas ne sont pas tolérés dans son assiette, parfois même sur la table. Il n'est pas en mesure de les toucher ni même parfois de les regarder.
Il mange des aliments des quatre groupes alimentaires.	Il refuse parfois un groupe alimentaire tout entier.

(tiré de Toomey et ass., 2007)

Quelques statistiques sur l'alimentation des enfants autistes

- Enfants autistes de 3 à 10 ans : 59 % mangent moins de 20 aliments (Cornish,1998).
- Enfants autistes de 4 à 26 ans : 53 % d'entre eux n'aiment pas « goûter » (Klein and Nowak, 1999).
- Enfants autistes de 22 mois à 10 ans : 67 % sont rapportés *picky eaters*, mais 73 % ont un bon appétit pour ce qu'ils aiment (William et coll., 2005).

- Sélectivité : texture (69 %) ; apparence (58 %) ; goût (45 %) ; odeur (36 %) ; température (22 %) (William et coll., 2005).
- Rituels entourant la nourriture : 46 % (William et coll., 2005).

Quand on compare les enfants autistes aux autres enfants, on remarque qu'ils ont un répertoire deux fois moins varié. Autrement dit, pour un même groupe alimentaire, ils accepteront deux fois moins d'aliments que les autres (Schreck et coll., 2004). Cela signifie-t-il qu'ils sont tous mal nourris ? Heureusement, non, car nous avons tendance à largement surestimer l'impact de la variété sur la satisfaction des besoins nutritionnels. Prenons l'exemple d'un enfant qui n'accepte que onze aliments (pain, Nutella, pomme, lait, carotte, concombre, pâtes alimentaires, margarine, poulet, jus d'orange, beurre d'arachides) et faisons l'analyse nutritionnelle de son menu.

Déjeuner	• 2 tranches de pain avec Nutella 1 tasse (250 ml) de lait
Collation am	• ½ tasse (125 ml) de compote de pommes 1 tasse (250 ml) de lait
Dîner	• ½ tasse (125 ml) de minicarottes et ½ tasse (125 ml) de concombre 1 tasse (250 ml) de pâtes alimentaires et 10 ml de margarine
Collation pm	• 3 oz (85 g) de blanc de poulet 1 tasse (250 ml) de jus d'orange
Souper	• 2 biscuits au beurre d'arachides 1 tasse (250 ml) de lait

***Résultats d'analyses**

*Nutritif	Total	Rec.	%Rec.
Calories 1415,61	1 900		74,51 %
Prot. (g) 59,29	26		228,04 %
Gras (g) 54,13	63,33		85,47 %
Carb. (g)	176,21		------
Fibre (g)	0,92	25	3,68 %
Cal. (mg)	1005,54	800	125,69 %
Fer (mg)	7,28	10	72,8 %
Pot. (mg)	2200,73		------
Phos. (mg)	1096,05	500	219,21 %
Vit. A (IU)	2540,36	3000	84,68 %
Vit. C (mg)	139,23	25	556,92 %
Thia. (mg)	1,23	0.6	205 %
Ribo. (mg)	1,88	0.6	313,33 %
Nia. (mg)	13,93	8	174,13 %

A priori, ce menu très épuré pourrait sembler peu nutritif. Il est un bon exemple de menu que l'on retrouve chez les enfants hypersensibles, qui n'aiment pas les surprises, les textures mixtes et les aliments colorés. Vous reconnaissez peut-être un peu votre enfant dans ce menu ! Quand on analyse celui-ci, on constate qu'il comble, malgré tout, les besoins en presque tous les principaux nutriments, sauf les fibres. Il est un peu faible en gras, en calories et en fer, mais c'est le cas pour plusieurs enfants qui n'ont aucun problème de croissance. Effectivement, plusieurs études démontrent que lorsque l'on élimine les facteurs confondants comme la diète sans gluten et sans caséine à laquelle on soumet souvent les autistes, les seuls nutriments pour lesquels il existe un apport moindre chez les autistes sont le calcium et la vitamine D. Lorsque l'on compare les autistes évitant le gluten et la caséine à ceux qui ne l'évitent pas, une différence notable existe pour l'acide folique (vu le non-enrichissement des produits sans gluten), mais les scores de qualité globale de l'alimentation des enfants autistes qui suivent une diète sans gluten et sans caséine ne sont pas plus bas, ils sont même plus hauts. Il faut admettre que comme toute diète comportant des restrictions, celle-ci force à éliminer plusieurs produits transformés, ce qui n'est pas toujours une mauvaise chose.

L'autisme en soi ne cause pas de dénutrition ou de retard de croissance. C'est le trouble sensoriel ou les symptômes ressentis par l'autiste qui le portent à avoir peu d'appétit et qui l'amènent à limiter son répertoire ou ses portions, et les troubles de l'alimentation sont effectivement cinq fois plus fréquents chez les autistes. Mais, la sélectivité alimentaire existe en dehors de l'autisme, par exemple dans les cas de prématurité, stress prénatal, gavage à la naissance, déficience motrice, paralysie cérébrale, TDAH. Il faut donc traiter la sélectivité alimentaire de l'autisme de la même façon qu'on le ferait normalement, en s'adaptant aux particularités de l'enfant.

De plus, lorsque l'on parle de carences nutritionnelles, il serait simpliste d'affirmer que ce n'est qu'une question d'apport. C'est tout autant une question de dépense énergétique, d'absorption, de métabolisme. Autrement dit, ce n'est pas parce qu'un nutriment soit présent de façon adéquate dans l'alimentation, et même dans le sang, et que l'organisme réussisse à en tirer ce qu'il doit. Tellement de facteurs peuvent intervenir. Et qui sommes-nous pour décréter que tous les enfants ont exactement les mêmes besoins nutritionnels ? Dans un groupe donné, il y a toujours des sous-groupes d'individus pour lesquels les règles et les lignes directrices ne collent tout simplement pas. C'est probablement le cas des enfants avec des besoins spéciaux, comme les autistes. Peut-être devrions-nous adapter nos façons de calculer nos apports à eux plutôt que de les faire entrer dans notre moule prédéterminé pour répondre aux besoins de la majorité.

J'essaie de choisir mes batailles, de ne pas trop le forcer, d'y aller à son rythme.

On comprend que chaque enfant autiste aura sa personnalité, avec les défis qu'elle comporte. Il est logique de croire que les différences qui existent sur le plan cérébral chez les autistes ne se limitent pas à l'aspect neurologique, puisque toutes ces différences ne sont pas sans répercussions sur le reste de l'organisme. Hormones, neurotransmetteurs, enzymes et autres messagers sont avant tout orchestrés par ce merveilleux ordinateur et affectés par notre façon de réagir à notre environnement. Nous en savons assez sur l'autisme pour comprendre que c'est une condition multifactorielle et complexe. Les chercheurs s'entendent sur le fait que des différences d'absorption, des différences enzymatiques, immunitaires et métaboliques existent. Les diverses approches nutritionnelles tentent de considérer ces multiples différences, d'où la multitude de diètes différentes qui sont proposées.

Je résumerai ici les notions de base qui vous permettront de comprendre pourquoi une stratégie nutritionnelle est susceptible de fonctionner ou non. En gros, les mécanismes en jeu touchent quatre systèmes: gastro-intestinal, métabolique, immunitaire et neurologique.

Le système gastro-intestinal

L'axe bidirectionnel intestin-cerveau

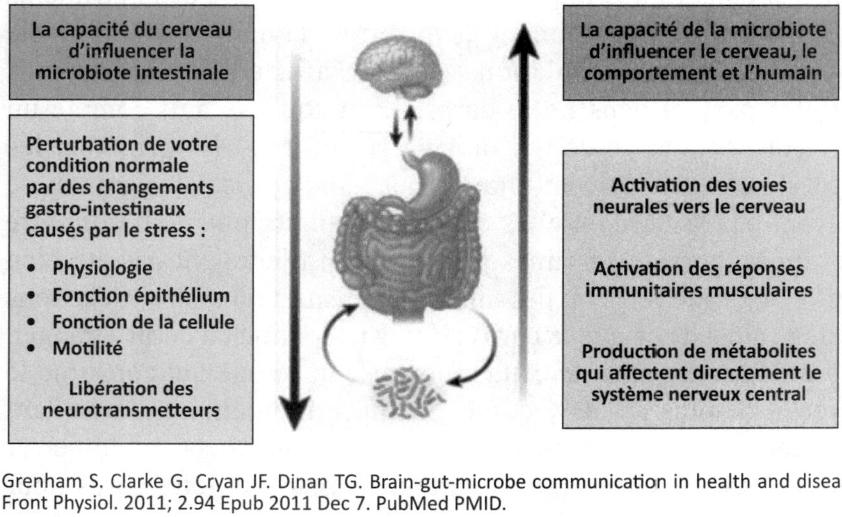

Grenham S. Clarke G. Cryan JF. Dinan TG. Brain-gut-microbe communication in health and disease. Front Physiol. 2011; 2.94 Epub 2011 Dec 7. PubMed PMID.

Malgré la distance physique qui les sépare, le cerveau et l'intestin sont intimement liés. On pourrait même dire qu'ils communiquent entre eux, et ce, entre autres par les neurotransmetteurs. Il n'est donc pas étonnant que le fait d'améliorer la santé intestinale puisse améliorer les fonctions cérébrales. Les études suggèrent que plus de 50 % des enfants autistes ont des troubles gastro-intestinaux. Notre rôle est de trouver lesquels !

Les troubles intestinaux sont variés. Parmi ceux-ci, on retrouve la perméabilité intestinale augmentée (*leaky gut*), la digestion incomplète des protéines, le débalancement de la flore intestinale, l'inflammation intestinale, la maladie cœliaque ou la sensibilité non cœliaque au gluten, le syndrome du côlon irritable. Ceux-ci entraînent des complications, par exemple dans le cas d'un intestin affecté pouvant manifester une intolérance au lactose secondaire (qui disparaît habituellement avec la résolution du problème primaire).

Que se passe-t-il exactement dans l'intestin grêle, que l'on appelle communément le « berceau de l'immunité » ? Quelques notions de physiologie digestive permettent de mieux comprendre les phénomènes en cause.

C'est dans l'intestin grêle que la majeure partie des nutriments sont absorbés, c'est-à-dire qu'ils traversent la muqueuse intestinale pour atteindre la circulation sanguine afin d'aller nourrir nos cellules partout dans notre corps. La muqueuse agit comme un filtre qui décide de ce qui doit passer ou non. En principe, les petites molécules doivent « traverser », alors que les plus grosses ne doivent pas le faire ou elles doivent continuer plus loin pour être éliminées, comme certaines protéines qui n'auraient pas été bien digérées, des toxines ou des micro-organismes nuisibles. Cela nous protège ainsi de ce que le corps considère comme un corps étranger. Il y a de l'autre côté de cette muqueuse une zone qui constitue le berceau de plus de 60 % de nos cellules immunitaires travaillant sans cesse à identifier les molécules qui ne devraient pas traverser et à envoyer des messagers aux autres tissus de notre corps pour

> *Notre enfant autiste est encore autiste, mais il ne fait plus de reflux, dort beaucoup mieux et se replie moins sur lui-même depuis que nous avons éliminé le gluten et la caséine. Pour nous, c'est une amélioration qui vaut la peine.*

les avertir de leur présence, le cas échéant. On en compte plusieurs types, entre autres des cytokines, qui sont capables de déclencher des réactions de protection dans une grande diversité de tissus corporels. Ainsi, les cytokines se retrouvent impliquées dans les maladies inflammatoires comme l'arthrite, l'asthme, la maladie de Crohn et plusieurs autres conditions auto-immunes. Contrairement aux immunoglobulines qui sont «ciblées» à produire des anticorps très spécifiques à des substances très spécifiques, les cytokines ratissent plus large. C'est un peu comme si vous lanciez une alerte générale à l'interphone plutôt que de laisser des messages dans la boîte vocale de quelques individus. Il y a toute une foule de cytokines qui voyagent dans notre corps en tout temps, dont certaines encouragent la guérison de nos tissus. Plusieurs sont dédiées à communiquer aux cellules de notre corps le signal de déclencher les processus de protection contre l'envahisseur comme l'enflure et la production de chaleur (d'où le mot *inflammation*). Tout cela sert à être prêt à se défendre contre un éventuel «pathogène», même si celui-ci ne vient jamais. C'est un phénomène préventif. La plupart du temps, la protéine non digérée ne se rend pas comme telle jusqu'aux cellules de notre corps recevant le signal de la cytokine, mais le signal est envoyé. La réaction est donc enclenchée et elle a déjà créé des dégâts et de la douleur avant que le corps finisse par réaliser qu'il n'est pas réellement en danger et que l'agent agresseur a été combattu localement dans l'intestin, ce qui ne se fait malheureusement pas sans heurts et inconforts. L'immunité est un système de protection qui agit comme une armée de soldats. Puisqu'il faut un certain temps avant de déployer une armée, on a avantage à préparer nos soldats… Il y a donc, comme dans toute manœuvre de guerre, des dommages collatéraux, que la guerre ait été justifiée ou pas. Dans cette situation, la destruction de nos cellules par l'inflammation constitue ces dommages collatéraux, et cela laisse des traces, car les tissus affectés par l'inflammation ne fonctionnent pas de façon optimale. Heureusement, dans la plupart des cas, les tissus affectés sont faits de cellules renouvelables, ce qui permet la disparition de certains symptômes une fois la source d'inflammation retirée. Étrangement (ou pas), on retrouve une concentration plus élevée de cytokines dans le cerveau des enfants autistes. Cette découverte a permis d'élargir notre perception des causes de l'autisme et de concevoir qu'il puisse s'agir d'un phénomène inflammatoire, du moins en partie. Car si des cytokines se retrouvent dans le cerveau, c'est qu'une protéine quelconque ou un agent agresseur quelconque a réussi à traverser la muqueuse intestinale, alors qu'il n'aurait pas dû franchir ce seuil. Ainsi, il peut y avoir un problème lorsqu'une protéine normalement inoffensive pour la majorité s'avère ne pas être complètement digérée par un individu. La protéine n'est pas réduite à sa plus simple molécule possible (que l'on appelle un « acide aminé ») avant d'atteindre le petit intestin. Elle pourrait donc continuer son chemin sans causer de symptômes. Mais, dans certaines conditions, comme lorsque la muqueuse intestinale est irritée de façon à ne plus bien faire son travail, elle deviendra comme une passoire qui laissera passer ces fragments de protéines qui sont trop gros pour être adéquatement absorbés. Plus précisément, le passage se fait sur le plan des jonctions serrées, qui deviennent justement moins serrées, donc moins étanches aux envahisseurs.

On ne naît pas avec une membrane perméable. L'environnement, les infections, les intolérances, toutes sortes d'affronts que nous infligeons à notre organisme font que la muqueuse intestinale finit par en souffrir. Il peut aussi s'agir de la perte de certains facteurs de protection, comme une flore intestinale abondante qui travaille constamment en notre faveur pour protéger notre muqueuse.

Plusieurs conditions digestives sont contrôlables puisque nous avons le choix de notre menu. Mais, le retour à une muqueuse intestinale saine n'est pas quelque chose d'instantané et il faut s'armer de patience avant que le corps en vienne à baisser la garde et à calmer ses réflexes de défense.

Parmi les conditions contrôlables, nous reconnaissons maintenant la flore intestinale, ce qui ne fut pas toujours le cas. Nous savons maintenant que l'intestin est le refuge de milliards de bactéries. Pour chaque cellule humaine que nous possédons, il y en a dix fois plus qui sont des cellules non humaines, donc des micro-organismes sans lesquels nous ne saurions vivre. On constate une flore intestinale différente chez les autistes, qui arborent moins de bactéries de type bifidobactéries, et plus souvent celles de type Clostridia, Desulfovibrio et Sutterella (Adams et coll., 2011 ; Parracho et coll., 2005 ; Finegold et coll., 2011 ; Williams et coll., 2012). La supplémentation en probiotiques est une stratégie, pour rectifier la flore intestinale, qui comporte peu de risques. Toutefois, il est essentiel de comprendre que les bactéries bénéfiques introduites dans l'organisme ne peuvent pas coloniser définitivement notre intestin. Après une ou deux semaines d'arrêt des probiotiques, le retour à la flore naturelle s'effectue. Les bactéries qui nous habitent depuis notre naissance reprennent le dessus.

L'équilibre de ces bactéries est fragile, et la destruction de certaines espèces entraînera forcément la multiplication d'un autre type, pas toujours aussi bénéfique que son prédécesseur. C'est l'une des raisons pourquoi les antibiotiques sont si critiqués, surtout lorsqu'ils sont administrés à des enfants en bas âge. Ils attaquent directement la diversité des espèces de bactéries présentes dans notre intestin, surtout lorsque donnés dans la première année de vie, et peuvent avoir un impact permanent sur la flore intestinale adulte. Les probiotiques peuvent malgré tout améliorer la tolérance d'un individu, notamment en rendant moins accessibles à la paroi intestinale les molécules non tolérées, par exemple les protéines qui auraient été fractionnées de façon incomplète où les bactéries nocives se retrouvent alors un peu comme un policier qui serait pris dans le trafic... Il lui est bien difficile de donner des contraventions.

Les bactéries bénéfiques des probiotiques « compétitionnent » également avec les bactéries nocives qui prennent le dessus lorsque l'antibiothérapie rase tout sur son passage. On en sait très peu sur les doses optimales et les types à utiliser avec les autistes. La tendance générale est plutôt prudente, c'est-à-dire commencer avec une plus petite dose et augmenter progressivement jusqu'à ce que des résultats se manifestent. Par la suite, une dose d'entretien plus faible suffit habituellement. Comment savoir si la quantité est suffisante? L'effet sur les selles devrait être observé, soit le changement de leur couleur, de leur texture ou de leur fréquence, tout en demeurant confortable pour l'enfant. Mais, tous les probiotiques ne conviennent pas à tous les intestins. Il est donc possible qu'une souche fonctionne mieux pour un que pour l'autre. Si des diarrhées se présentent, il faut diminuer la dose ou changer de type de probiotiques. Les probiotiques qui comportent plusieurs souches sont habituellement bien tolérés. De plus, il faut quand même une bonne dose de probiotiques pour que les bactéries s'installent dans l'intestin. Vu le coût de ces suppléments, portez attention à la concentration, exprimée en milliard d'UFC. Plus cette valeur est élevée, plus vous en avez pour votre argent. Si trente milliards de bactéries ne suffisent pas à améliorer la tolérance, votre argent sera mieux investi dans des concentrations plus élevées. Et la prévention demeure la meilleure approche: n'utilisez les antibiotiques que lorsque c'est absolument nécessaire. Ils laissent le champ libre aux bactéries moins bénéfiques, qui produisent des toxines inhibant les enzymes qui digèrent les peptides opioïdes. Sans compter qu'un intestin nettoyé de sa flore intestinale devient beaucoup plus fragile, la muqueuse s'avérant une proie facile pour les plus grosses molécules qui attaquent directement les jonctions serrées. De fil en aiguille, les bases de l'hyperperméabilité intestinale sont jetées. Si prédisposition génétique il y a, les cellules immunitaires amorceront leur travail et la réaction inflammatoire sera déclenchée, souvent très insidieusement et graduellement, de sorte qu'il sera difficile d'y voir clair quant aux causes qui sont en jeu.

Les symptômes gastro-intestinaux causent des inconforts, mais aussi des troubles comportementaux chez tous les enfants, autistes ou pas. Ces troubles sont beaucoup plus fréquents chez les autistes, mais ils sont aussi moins souvent dépistés. Ils n'en sont pas moins importants. Par exemple, on observe chez les enfants souffrant de reflux des comportements pouvant aller du simple refus de dormir à l'automutilation. L'appétit est presque toujours influencé, soit en étant diminué soit en étant très fluctuant.

Signes courants de reflux chez l'enfant

- Perte d'appétit ou appétit très variable (par exemple, l'enfant ne déjeune pas, ne dîne pas, mais s'empiffre au souper).

- Haut-le-cœur (la plupart du temps, les vomissements ne sont pas présents). Le reflux se limite à la zone de l'œsophage et à la bouche. L'enfant ravale le contenu gastrique qui remonte, fait une grimace, pleure, chigne, mais aucun vomissement ne peut être observé.

- Difficulté à avaler.

- Toux persistance inexpliquée ou respiration sifflante (le reflux et l'asthme sont souvent associés).

- Mal de gorge, au réveil surtout.

- Mauvaise haleine.

Le reflux est un trouble fréquent chez les autistes, et il est souvent (mais pas toujours) un signe d'une allergie ou d'une intolérance. Il faut donc être vigilant en tentant de trouver la cause du reflux plutôt que de simplement «traiter» avec la médication qui peut effectivement soulager, mais qui n'est qu'une solution palliative. Les allergies et intolérances seront discutées dans la prochaine section.

Il est dommage que les troubles digestifs comme le reflux et la constipation soient trop souvent considérés comme un problème faisant partie de l'autisme et pour lequel il n'y a pas d'issue. C'est tout à fait faux. Le corps sait trop bien ce qui lui fait du mal ou pas, et quand il a tendance à stagner, c'est que quelque chose ne va pas. Nous voyons ces symptômes comme des maladies, alors qu'elles ne représentent malheureusement que la pointe de l'iceberg.

Moyens de mieux gérer le reflux

- Éviter les grandes quantités de liquide, surtout au moment du repas et avant le coucher. Assurer une bonne hydratation, entre les repas surtout. Les enfants qui souffrent des reflux ont tendance à vouloir boire énormément, car les liquides, par exemple le lait, les soulagent temporairement, mais cela ne fait qu'exacerber le problème.

- Diminuer les aliments stimulant l'acidité gastrique tels la caféine, les boissons gazeuses, le chocolat, les aliments très épicés. À noter : Chez certains individus, cette stratégie est utile, alors que chez d'autres, elle ne fait aucune différence.

- Surélever la tête du lit avec des blocs ou ajouter des oreillers. C'est durant la nuit que la grande partie des dégâts se font, en position horizontale. Cette mesure peut soulager les inconforts en favorisant la guérison du sphincter qui ferme l'entrée de l'estomac (le cardia).

- La position de sommeil peut faire une différence pour certains enfants : l'estomac n'étant pas symétrique, se coucher sur le côté gauche permet de mieux contenir les liquides dans l'estomac.

Non seulement ces symptômes ne sont pas toujours visibles, mais la terminologie est plutôt subjective et les définitions changent constamment. Le reflux est souvent confondu avec les vomissements, les régurgitations, l'œsophagite... Pas facile de s'y retrouver ! Un reflux non soigné peut mener à des complications sérieuses comme la dysphagie, les troubles respiratoires, la toux chronique, l'œsophagite.

En ce qui concerne la constipation, il n'y a pas si longtemps, on affirmait dans les bouquins de médecine qu'une constipation clinique devait être objectivée par sept jours consécutifs sans avoir fait de selles, mais concrètement, la plupart d'entre nous se considéreraient comme constipés bien avant cela, et avec raison ! Les conséquences sont loin d'être banales. La constipation, poussée à l'extrême, est dangereuse, certes, mais peut surtout engendrer des pertes d'appétit et une mauvaise élimination des toxines. Elle peut aussi mener à une incontinence, par la pression trop grande des selles sur la vessie, ce qui comporte des répercussions sociales, surtout chez l'enfant d'âge scolaire. Une constipation exacerbe également les symptômes de reflux, un peu comme un tuyau de plomberie obstrué qui refoule.

Signes de constipation chez l'enfant

- Aller à la selle moins de deux fois par semaine.
- Avoir des selles douloureuses, évacuer difficilement, souvent en présence de pleurs ou d'inconforts marqués.
- Avoir des selles sèches, dures ou de petite taille ou, au contraire, très volumineuses.
- Avoir des fissures anales, des traces de sang dans les selles.
- Avoir l'abdomen ballonné, distendu, avec ou sans flatulences.
- Avoir une perte d'appétit au point d'engendrer un ralentissement de la croissance.

Moyens de mieux gérer la constipation

- Augmenter l'hydratation. La constipation est souvent un symptôme de mauvaise hydratation. Il est essentiel de comprendre pourquoi l'enfant boit peu et de s'assurer qu'il a également une déglutition normale. Les enfants qui gèrent mal les liquides boivent peu et le premier signe observé est souvent la déshydratation.

- (Si la déglutition est normale) Augmenter les liquides en prenant soin d'augmenter les fibres. Cela peut s'avérer difficile avec les petits mangeurs de fruits et légumes, et une cuillère à thé de son d'avoine ou de blé par jour camouflé dans les céréales peut aider certains enfants. À noter : Cela est contre-indiqué en présence d'intolérance au gluten. On peut alors remplacer le son d'avoine ou le blé par le psyllium.

- Prévoir du temps pour l'élimination, surtout le matin, après le déjeuner. Les matins pressés sont à proscrire ! L'horaire des selles est déterminant. C'est après le déjeuner que le corps souhaite évacuer ses déchets. Plus tard, ça s'accumule et ça se complique !

- Éviter le jus de pruneau de façon régulière, vu l'accoutumance à cette substance qui rend l'intestin paresseux.

Comme la diarrhée, la constipation est parfois un signe d'allergie. Parfois, c'est une alternance de diarrhée et de constipation qui nous met la puce à l'oreille. Est-ce toujours un signe que le corps ne peut pas transformer efficacement certaines substances ? Bien sûr que non, car il existe des causes très variées de reflux et de constipation, ce que votre médecin devrait pouvoir vous aider à élucider. Toutefois, il n'est pas rare qu'un enfant dont on a résolu l'intolérance ou l'allergie se mette à digérer adéquatement et à ne plus souffrir de diarrhée, de reflux ou de constipation.

Le système immunitaire

L'immunologie est une science relativement jeune. Nous ne connaissons donc pas tous les rouages des mécanismes immunitaires. Mais, nous savons que les cellules immunitaires communiquent avec toutes les parties du corps, incluant le cerveau.

Nous avons déjà parlé des cytokines et de leur interrelation avec le système gastro-intestinal. Pour tout individu, il est normal de produire des cytokines, car celles-ci le protègent des infections. Toutefois, plusieurs études suggèrent que certains enfants autistes produisent des quantités différentes de certaines immunoglobulines et autres cellules immunitaires, notamment les cellules T (Th1 et Th2), et produisent plus de cytokines de la catégorie pro-inflammatoire. D'autres enfants autistes ont moins d'immunoglobulines A, ces anticorps sécrétoires présents sur le plan de la muqueuse intestinale et des voies respiratoires, ce qui les prédispose aux infections. Les anticorps qui ciblent directement le cerveau sont également plus souvent présents chez les autistes. Il n'est pas encore clair si ces différences sont propres à l'autisme ou si elles découlent de l'un des nombreux troubles dont les autistes sont plus fréquemment atteints. Tout ce domaine d'investigation est très nouveau et les études sont encore plutôt embryonnaires.

Certains enfants autistes sont également atteints de maladies inflammatoires de l'intestin, diagnostiquées ou non. Le diagnostic du syndrome du côlon irritable est un diagnostic par défaut, c'est-à-dire que l'on affuble le patient de ce diagnostic quand aucune cause n'est détectée, mais quand les symptômes digestifs sont évidents. Dans tous les cas, il s'agit d'un processus inflammatoire issu d'un système immunitaire qui a commencé à dérailler de façon chronique.

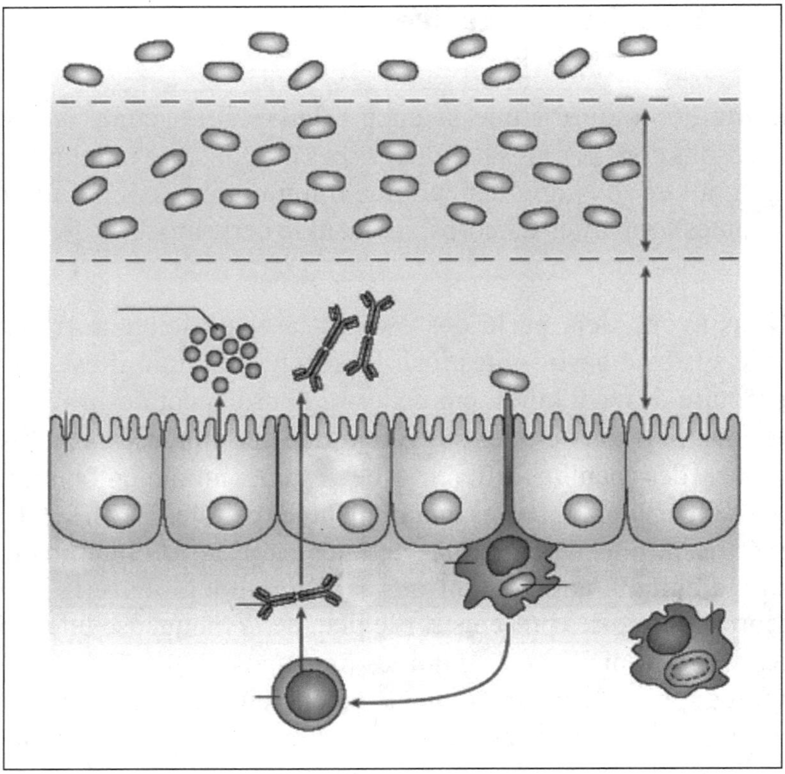

Source : www.nature.com/nrmicro/journal/v7/n5/full/nrmicro2114.html.

Le système neurologique

On connaît maintenant mieux les différences neurologiques propres à l'autisme. Les neurones sont généralement plus petits, mais 60 % plus nombreux, alors que les axones sont moins nombreux. On constate que le corps calleux est 15 % moins volumineux. La zone appelée l'« amygdale », celle de la mémorisation des émotions et des contacts sociaux, est parfois plus développée, parfois moins. Les connexions du cortex frontal sont moins efficaces, ce qui rend difficile la régulation de l'information. On observe aussi parfois des hyperactivités locales dans diverses zones du cerveau, d'où une surcharge possible de l'information.

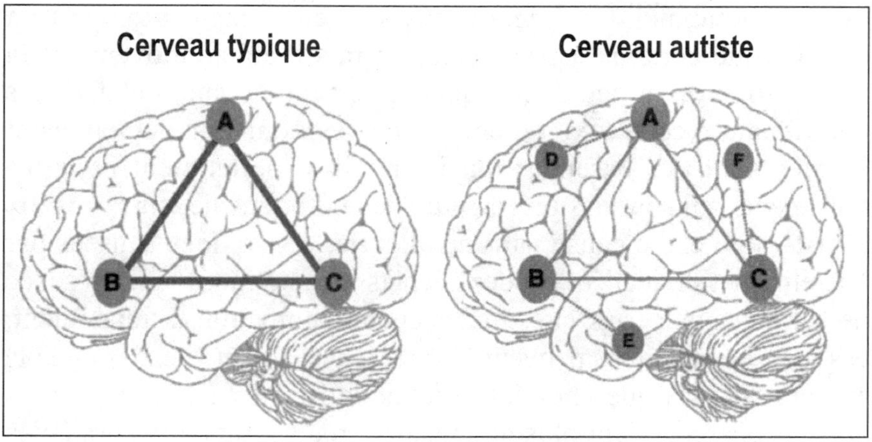

Source : https://newscenter.sdsu.edu/sdsu_newscenter/news_story.aspx ?sid=73005.

Certaines zones sont parfois plus développées, ce qui permet des capacités perceptives et mnésiques supérieures à la moyenne. Comment peut-on s'attendre d'un autiste qu'il se comporte de la même façon que les autres lorsque l'on connaît toutes ces différences sur le plan de son ordinateur principal ? Et pourquoi vivrait-il l'apprentissage de l'alimentation de la même façon que les autres ? Il a sa propre façon de voir le monde, et cela est aussi vrai pour son assiette !

Depuis peu, on assiste toutefois à une remise en question importante quant aux différences neurologiques observées chez les autistes. Au lieu de simplement croire que les autistes seraient anatomiquement différents, certaines évidences poussent à croire que ce ne serait pas le cerveau en soi qui serait différent, mais que les différences seraient les conséquences d'anomalies émanant d'autres systèmes. Ainsi, alors que l'on voyait le cerveau comme statique, immuable après trois ans et à jamais figé dans cette façon d'opérer, on voit maintenant le cerveau plutôt comme étant une ressource perméable à son environnement et comportant une certaine plasticité tout au long de la vie. Il y aurait donc toute une diversité de causes pouvant expliquer le désordre qui sévit dans le cerveau des autistes, dont certaines seraient anatomiques, mais d'autres seraient d'ordre plutôt fonctionnel. Ces découvertes sont encourageantes, car cela signifie que certains aspects seraient modifiables, moyennant la rectification du milieu dans lequel le cerveau évolue. Les facteurs contribuant à cette toxicité pour le cerveau qui sont actuellement étudiés sont des carences nutritionnelles, notamment pour les nutriments qui sont des précurseurs de neurotransmetteurs, un taux d'histamine élevé causé par une allergie, des toxines causées par une élimination inadéquate des déchets métaboliques, une présence de certaines bactéries intestinales et l'inflammation. Étrangement, ces mêmes anomalies peuvent être présentes autant chez les enfants avec un TDAH que chez les enfants autistes, mais les individus autistes posséderaient plus de facteurs prédisposant aux anomalies cérébrales, ce qui expliquerait les différences dans l'étendue des symptômes de ces deux conditions.

Pour mieux comprendre les phénomènes en cause, il faut en savoir un peu plus sur la barrière sang/cerveau. Cette barrière, qui sépare le sang des tissus cérébraux et du liquide cérébrospinal, agit un peu comme la muqueuse intestinale en choisissant ce qui entre et ce qui reste dehors. Tout comme c'est le cas de la barrière intestinale, l'étanchéité de cette barrière peut être endommagée par de nombreux facteurs, comme l'hypertension, les infections, l'inflammation, l'ischémie (manque d'oxygène au cerveau) et les traumatismes cérébraux.

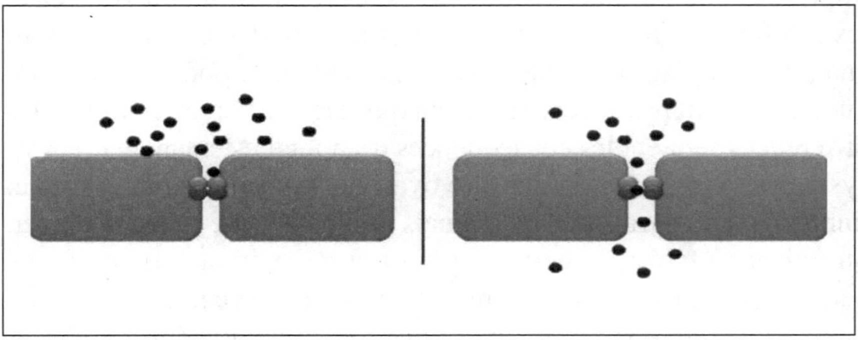

Source : www.researchgate.net/publication/260255146_The_Role_of_Nanomedicine_in_Cell_Based_Therapeutics_in_Cancer_and_Inflammation.

Voici un survol des différentes cellules du cerveau. Ces notions permettront de mieux comprendre plus loin l'importance des divers nutriments et leurs effets sur ces cellules.

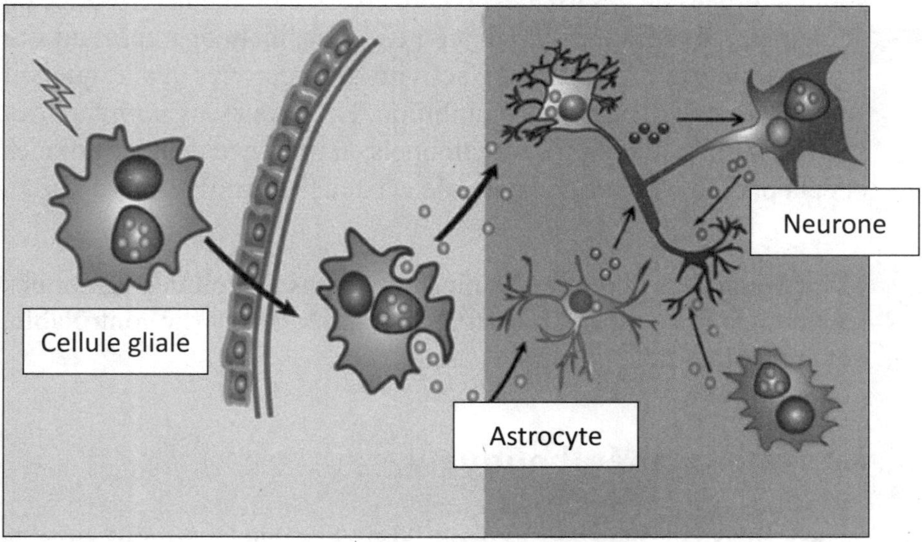

Source : www.researchgate.net/figure/261325774_fig2_Exosomal-cross-talk-from-the-periphery-and-within-the-central-nervous-system-CNS-A.

Avant tout, le cerveau est une toile de neurones interreliés. Ce sont les connexions électriques du cerveau transmettant les messages d'un endroit à l'autre de notre corps, par les axones, qui se rassemblent en amas que l'on appelle nos « nerfs ». Mais, il existe d'autres cellules importantes, comme les cellules gliales, les oligodendrocytes et les astrocytes. Chacune a son rôle particulier. Les cellules gliales sont les principales cellules immunitaires du cerveau. Elles nettoient le milieu et sont activées par les pathogènes ou les traumatismes. Une fois activées, elles sécrètent entre autres des cytokines, des chémokines et des prostaglandines qui sont transportées vers les tissus blessés ou infectés afin de les réparer. Cela est bon en soi, mais lorsque la barrière sang/cerveau est moins étanche, les cellules gliales se mobilisent en sécrétant des substances neurotoxiques.

Les astrocytes sont les intermédiaires entre les neurones et la circulation sanguine. Ces cellules fournissent des nutriments et ont un rôle de neuroprotection en débarrassant les neurones de substances nocives, dont le glutamate. Mais, lorsque les astrocytes sont engorgées de ces toxines, il peut en résulter une insuffisance en acide gamma-aminobutyrique, ce neurotransmetteur important qui a pour fonction de diminuer l'activité des neurones sur lesquels il se fixe. Il possède un rôle d'inhibition. Les processus normaux des neurones sont donc moins fonctionnels en présence de neurotoxines et cela peut engendrer une perte de capacités cognitives.

La bonne nouvelle est que plusieurs types de cellules cérébrales peuvent se régénérer et que le stress oxydatif est en partie contrôlable, notamment par une nutrition adéquate.

Le système métabolique

Certaines études démontrent qu'un sous-groupe d'enfants autistes manifeste une dysfonction mitochondriale. Les mitochondries sont les composantes de nos cellules qui travaillent à générer l'énergie à partir des nutriments absorbés. La plupart du temps, ce travail s'effectue grâce à des enzymes. Lorsque ces enzymes sont produites en quantité insuffisante ou, comme c'est plus rarement le cas, lorsqu'elles sont carrément absentes, les composés souhaités ne sont pas produits et certains sous-produits des réactions chimiques en cause peuvent s'accumuler, ce qui altère l'efficacité de la cellule.

Plusieurs enzymes requièrent des cofacteurs pour les aider à faire leur travail et plusieurs d'entre eux sont en fait des minéraux et vitamines comme le zinc, le magnésium, les vitamines B, etc. Nous verrons leur rôle plus en détail dans une section ultérieure.

Signes de troubles métaboliques ou de dysfonction mitochondriale

- Léthargie
- Vomissement
- Urine ou sueur particulièrement malodorante
- Pauvre endurance, fatigue, faible tonus
- Régression neurologique ou développementale
- Convulsion
- Retard staturo-pondéral

Les nutriments le plus souvent impliqués dans le métabolisme et la fonction mitochondriale sont les suivants : acide folique, B12, zinc, magnésium, biotine, carnitine et coenzyme Q10. Ils sont actuellement très étudiés afin de découvrir des avenues de solutions possibles pour alléger les manifestations de l'autisme.

Parmi les substances souvent citées en ce qui a trait à la fonction mitochondriale, la carnitine semble jouer un rôle essentiel. Elle est abaissée chez certains enfants autistes (Filipek et coll., 2004). De plus, une étude récente a démontré les bénéfices d'un supplément de carnitine sur les scores de l'échelle de sévérité des comportements de l'autisme (CARS) (Geier et coll., 2011). Cette substance ne travaille pas seule, et il faut donc s'assurer que les autres nutriments-clés sont bien comblés également, idéalement par l'alimentation (voir section supplémentation, p.103-107).

La vie est avant tout une question de biochimie ! Chaque seconde, des milliers de réactions chimiques ont lieu dans notre organisme et elles sont toutes interreliées, tels des engrenages. Si une faiblesse existe et empêche un engrenage de tourner, tous les autres en seront affectés. C'est pourquoi les nutriments ont un impact si important sur la santé à tous les niveaux. Un nutriment manquant devient un facteur limitant, et un nutriment en trop crée un bourrage qui bloque l'engrenage.

Notre métabolisme dépend de l'orchestration minutieuse des enzymes qui travaillent ensemble pour transformer les nutriments en plus petites particules. Il a été démontré que beaucoup d'enfants autistes et souffrant de problèmes intestinaux majeurs avaient un faible taux d'enzymes nécessaire à la digestion des glucides, surtout la lactase (Williams et coll., 2011). Cette insuffisance enzymatique est d'ailleurs loin d'être exceptionnelle puisque le lactose n'est toléré que par un tiers des humains à l'échelle mondiale. Certaines autres carences en enzymes sont également possibles, et plus fréquentes chez les autistes. C'est le cas notamment de la sucrase, de la maltase, de la glucoamylase et de certaines di-saccharidases. Ces déficiences semblent être distribuées également chez les adultes et les enfants autistes, suggérant que la carence semble permanente (Kushak et coll., 2011). L'efficacité des suppléments enzymatiques reste mitigée. Il y a toutefois un consensus que de tels suppléments ne permettent pas de consommer allègrement les aliments mal tolérés et que le traitement de choix est l'exclusion dans le cas d'intolérance. Ils peuvent être d'une certaine utilité toutefois lorsqu'il y a un risque que la diète ne soit pas respectée, par exemple lors de repas à l'extérieur ou d'occasions spéciales. Précisons également que lorsque l'on pallie une déficience enzymatique de façon artificielle, il y a une diminution de la capacité naturelle de l'individu à produire cette enzyme. Cette diminution peut s'avérer transitoire, mais la pente est souvent trop difficile à remonter pour que l'individu « réintègre » l'aliment.

Plusieurs réactions chimiques visent à modifier ou à entretenir notre ADN et elles ont donc un impact direct sur nos gènes. C'est le cas des réactions de méthylation, qui sont impliquées dans la production des neurotransmetteurs si importants, dont la dopamine qui contribue aux processus cognitifs comme l'attention, l'apprentissage, mais également l'humeur. On en tire d'ailleurs profit dans la fabrication de médicaments destinés à gérer l'hyperactivité. Ils sont spécifiquement conçus pour augmenter la dopamine. On attribue à la méthylation d'autres rôles importants comme le développement des membranes cellulaires et la production de créatine, qui mène à la production d'énergie pour notre organisme. Mais qu'est-ce que la méthylation et qu'a-t-elle à voir avec l'alimentation de l'autiste ?

Un groupement méthyle est une molécule qui contient un atome de carbone et trois atomes d'hydrogène, tout simplement. C'est une toute petite molécule qui peut voyager d'une réaction chimique à l'autre. Parfois, une réaction chimique nécessitera un groupement méthyle, parfois elle en rejettera un. La méthylation est le fait d'attacher un groupement méthyle à une autre molécule pour en donner une nouvelle. Nous produisons ainsi des substances importantes pour notre corps comme l'homocystéine, le glutathion et bien d'autres encore.

Les réactions de méthylation sont aussi cruciales pour notre métabolisme puisqu'elles se chargent de réguler si une cellule exprimera un gène ou un autre, dans une cellule donnée, à un moment précis, selon la situation qui se présente. Quand un groupement méthyle est attaché à une protéine de l'un de nos gènes, le gène est silencieux. Quand un groupement quitte le gène, il est activé. Certains gènes doivent rester silencieux, comme les gènes présents dans les tumeurs. D'autres doivent s'exprimer à certains moments très spécifiques de notre vie, comme c'est le cas lors de la croissance chez l'enfant.

Parmi les engrenages qui touchent directement l'engrenage de la méthylation, on compte le cycle métabolique de l'acide folique. Par l'homocystéine, un groupement méthyle est rendu disponible chaque fois que l'acide folique passe sous sa forme active. L'acide folique est une vitamine très utile pour le système nerveux et c'est pourquoi l'on doit assurer un apport suffisant « en prénatal » pour prévenir les malformations du tube neural. Mais son rôle va bien au-delà de la période de préconception.

Un autre engrenage relié à celui de la méthylation est celui de la sulfatation. Dans ce cycle, l'homocystéine produit alors le glutathion, important pour la réparation des membranes, dont celle de la muqueuse intestinale ainsi que la fonction mitochondriale et le système immunitaire. C'est une substance aux rôles très variés, dont la désintoxication des cellules.

Tout comme la méthylation, la sulfatation consiste à déplacer des atomes de soufre pour activer certaines réactions. Notre corps ne peut pas produire du soufre, mais le soufre n'est pas difficile à trouver. Il est disponible sous forme de sulfate dans les crucifères, les légumineuses et surtout dans les protéines, dont certains acides aminés qui sont composés de soufre, les acides aminés soufrés (méthionine, cystéine, taurine, n-acétylcystéine). La sulfatation est impliquée dans la fonction immunitaire puisque les mitochondries de nos cellules en ont besoin pour générer de l'énergie, et le foie utilise le soufre pour transformer les toxines en des substances qui peuvent être éliminées par notre corps. C'est donc un engrenage essentiel.

L'élimination des toxines dépend de notre capacité à les évacuer et de la quantité que nous absorbons. Comme c'est le cas pour la production de déchets de notre foyer, il faut un équilibre entre la quantité de déchets produits et la fréquence avec laquelle les éboueurs passent. Chez certaines personnes, les poubelles ne sont pas vidées aussi souvent que chez les autres. L'accumulation de déchets dans l'organisme encombre les autres réactions chimiques. Plusieurs systèmes permettent l'élimination des déchets, heureusement. Cela se fait en plusieurs phases, dont la sulfatation, qui survient en dernier. Le stade final de la sulfatation est réalisé par le glutathion, qui agit en quelque sorte comme le sac-poubelle : le corps doit assurer un stock constant de sacs-poubelles pour se débarrasser de ses déchets, sans quoi les déchets ne peuvent être éliminés. Le glutathion est en ce sens l'antioxydant principal du corps. Ce n'est pas une substance que nous pouvons ingérer, mais elle est produite par notre organisme à partir d'autres substances (l'acide folique, la B12, la vitamine C, le soufre, etc.) et requiert la participation de plusieurs co-enzymes, comme le NADH et le ribose. Nous commençons à peine à comprendre les interactions entre ces divers nutriments, mais nous savons que le taux de glutathion sanguin est intimement lié à la quantité de métaux lourds dans nos tissus et que les autistes ont plus souvent un taux de glutathion anormalement bas. Malheureusement, il n'est pas encore possible d'ingérer du glutathion, celui-ci n'étant pas absorbé suffisamment par l'organisme. Nous ne sommes pas non plus capables de confirmer, avec l'évidence actuelle, que cette supplémentation influencerait réellement la sévérité de l'autisme. Par contre, c'est un domaine de recherche qui nous en apprend énormément sur la toxicité de l'environnement et sur les impacts sur notre santé.

Pour la race humaine entière, c'est comme si des déchets autres que les nôtres étaient ajoutés aux poubelles que nous mettons au chemin. Notre mode de vie est de plus en plus affecté par des toxines environnementales, et il y en a tant que nous avons peine à en faire l'inventaire. Pesticides, produits domestiques et cosmétiques, polluants environnementaux, additifs alimentaires... La liste de produits qui n'existaient pas il n'y a pas si longtemps est longue. Nous sommes tous soumis à une plus grande charge de toxines que nos ancêtres, et nous n'avons pas tous la même capacité à nous débarrasser de ces déchets de source extérieure. Selon l'EPA (United States Environmental Protection Agency), il y aurait approximativement 84 000 « chimiques » synthétiques dans l'environnement à s'être ajoutés depuis les 200 dernières années. Malheureusement, très peu sont testés et nous n'en connaissons donc pas tous les effets. Et nous savons que certains individus sont plus susceptibles que d'autres d'être intoxiqués, ayant des processus d'élimination des toxines moins efficaces.

Les toxines environnementales contribuent à l'oxydation et la désintoxication monopolise des ressources qu'autrement nous aurions pour nous défendre contre le stress oxydatif usuel. On pourrait comparer le phénomène de l'oxydation à l'usure ou à la rouille sur une voiture. Plusieurs réactions ne sont pas possibles sans que des atomes d'oxygène soient transformés en oxyde, et l'oxyde peut à son tour réagir avec nos cellules, mais pas toujours de façon favorable. En fait, ce sont les radicaux libres, dont plusieurs contiennent des atomes très réactifs, qui créent des réactions en chaîne d'oxydation qui occasionnent du dommage à nos cellules, dont la cascade inflammatoire décrite précédemment. Heureusement, la plupart du temps, les antioxydants se chargent de neutraliser ces radicaux libres, donc de minimiser en quelque sorte les dommages collatéraux, soit la rouille dans l'engrenage.

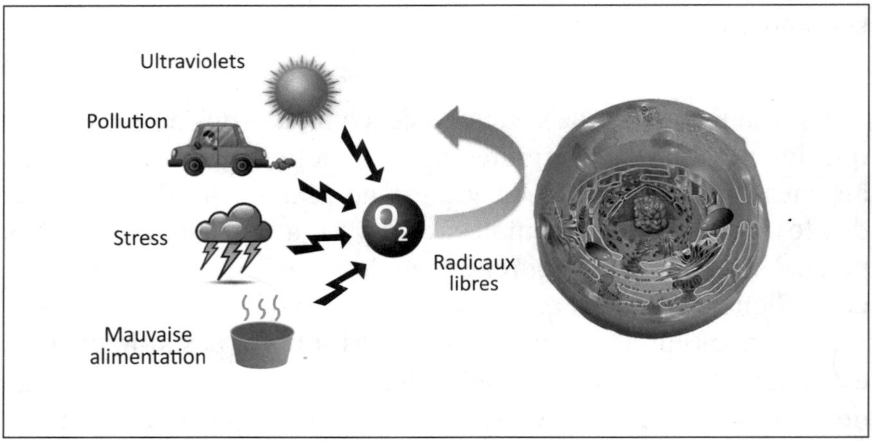

Le rôle protecteur des antioxydants sur la cellule

Parmi les antioxydants de notre alimentation, on compte les vitamines A, C et E, le sélénium et le zinc, le glutathion, la lutéine, la taurine, la cystéine et plusieurs autres qui se retrouvent plus précisément dans des substances d'origine végétale, dont les caroténoïdes, le resvératrol, les anthocyanines et les isoflavones. Ces derniers sont des pigments naturels, c'est pourquoi une alimentation variée et colorée est garante d'une bonne santé. Certaines herbes et épices ont également un potentiel antioxydant élevé comme le clou de girofle, la cannelle, l'origan, l'ail. On retrouve un taux d'antioxydants élevé dans les fruits, particulièrement les baies, les légumes (surtout les crucifères), mais également dans les légumineuses, les noix et les graines.

Dans ce monde où les risques environnementaux sont décuplés, il est loin d'être clair que notre organisme suffit à la tâche, même avec l'alimentation la plus variée. Certaines différences existent entre les enfants autistes quant à leur aptitude à se défendre contre le stress oxydatif (James, SJ, 2004). On constate d'une part chez les enfants autistes une méthylation moins efficace et d'autre part des marqueurs biochimiques plus élevés de stress oxydatif dans leur sang. Cela porte à croire qu'il y aurait des altérations dans l'expression de certains gènes, dont ceux qui sont précurseurs aux neurotransmetteurs.

Il y a donc plusieurs vitamines, minéraux et substances antioxydantes et anti-inflammatoires qui sont importants pour assurer le bon fonctionnement de nos « engrenages » biochimiques. Habituellement, un enfant obtient suffisamment de ces éléments à travers sa nourriture, mais il semble que ce ne soit pas le cas de tous les enfants autistes. La biochimie s'avère une science complexe qu'il est difficile de résumer en quelques pages et ce ne serait pas le but de cet ouvrage. Mais, la prochaine section décrira en détail les stratégies possibles pour assurer à votre enfant une alimentation conforme à ses besoins.

Maintenir une croissance optimale

Toutes les difficultés alimentaires ont des impacts réels sur la qualité de vie des familles aux prises avec l'autisme et sur la santé des enfants également. Souvent, elles ont tendance à être banalisées ou non abordées, surtout quand l'enfant suit sa courbe de croissance normale. Pourtant, une courbe de croissance ne montre qu'une facette du développement et est directement reliée à l'apport en calories, sans plus. Mais, les besoins en micronutriments (les vitamines et les minéraux) ne sont pas nécessairement bien comblés, surtout chez certains individus, ce qui peut laisser place à des carences à long terme. Ces carences peuvent être prévenues pour la plupart par des ajustements simples apportés par un parent vigilant et qui n'exigent de l'enfant aucune adaptation. Contrairement au suivi en réadaptation, par exemple en ergothérapie, qui vise à modifier les comportements de l'enfant et qui peut s'avérer ardu, la consultation nutritionnelle permet de corriger rapidement l'état nutritionnel par des ajustements faits par le parent. La correction des lacunes est *en vigueur* dès que les parents mettent en pratique les conseils. Le résultat sur la qualité de vie est donc concret et rapide. Une fois les lacunes nutritionnelles causées par les difficultés alimentaires bien identifiées, les solutions qui sont mises en place permettent de réduire grandement l'anxiété que tous les parents ressentent quand leur enfant ne mange pas suffisamment, mais encore plus dans le cas de l'autisme. On assiste à de belles surprises, dont des répercussions sur les autres sphères de la vie, comme un meilleur sommeil, ce qui rend possible une amélioration du comportement général, par exemple une baisse d'irritabilité ou une meilleure concentration ou attention. C'est toute une récompense !

> *Je suis inquiète pour sa santé, alors je choisis de le laisser manger ce qu'il veut pour qu'il engraisse un peu.*

Moyens de compenser le faible apport nutritif découlant d'un manque d'appétit ou de la sélectivité

- Offrez à l'enfant seulement des aliments appréciés lorsque son appétit est peu présent. Répétez les formules gagnantes ! Les repas ressemblent parfois plus à de « grosses collations ».

- Offrez-lui des *smoothies* maison à haute valeur énergétique et nutritive (voir recette, p.112).

- Augmentez les quantités que vous lui offrez aux repas où l'appétit est présent en vous assurant de lui offrir une source de protéines.

- Évitez les grandes quantités de liquide juste avant le repas ou aux repas.

- Acceptez de lui donner des aliments entre les repas : des collations supplémentaires sont parfois la seule façon de combler les besoins. Les « mélanges du randonneur » maison qui contiennent des céréales, des fruits séchés et des noix représentent un passe-partout pratique et nutritif, fournissant beaucoup d'énergie en peu de volume.

- Offrez une à deux gâteries par jour (un aliment riche en calories, par exemple crème glacée, biscuit, dessert).

Qu'est-ce qu'une alimentation équilibrée et suffisante ? Cela peut sembler évident, mais avec toute la surinformation qui sévit, chacun a sa notion de ce qu'est une alimentation équilibrée. Pour combler les besoins de votre enfant, il y a trois conditions essentielles :

1. Assurer la répartition optimale des protéines, glucides, lipides et bien les répartir au cours de la journée.

2. Assurer une quantité suffisante de calories.

3. Assurer une quantité suffisante de vitamines et de minéraux (voir section suppléments, p.103-107).

Nul besoin de regarder les étiquettes et de commencer votre propre analyse nutritionnelle du menu. Intuitivement, vous offrez probablement déjà cette répartition optimale en proposant un repas qui contient un aliment provenant de chacun des groupes alimentaires. Mais, pour vous faciliter la vie, nous vous proposons une assiette optimale simple qui vous permettra d'évoluer avec votre enfant, car les portions minimales proposées sont basées sur la grandeur de sa main, qui grandit avec lui. Vous pouvez vous servir de cette assiette pour vous-même comme guide et l'ajuster au besoin selon votre faim, votre satiété ou simplement vos envies du moment. L'idée est de chercher à compléter, trois fois par jour, en trois repas ou en plusieurs petits repas, l'ensemble des quatre groupes alimentaires. Ainsi, à un enfant qui n'a pas faim pour aller chercher les quatre groupes alimentaires dans le même repas, on offrira le groupe manquant quelques heures plus tard sous forme de collation pour ainsi boucler la boucle. Cela évite de devoir comptabiliser des portions à la fin de la journée, ce qui ne serait pas nécessairement approprié, car les portions doivent être bien étalées tout au long de la journée pour que le corps (et le cerveau !) fonctionne de façon optimale.

Liste de contrôle

Mon enfant a-t-il une alimentation complète et suffisante ?

- ❑ Il accepte au moins trois aliments dans chacun des groupes alimentaires.

- ❑ Il consomme des produits céréaliers en quantité suffisante, c'est-à-dire au moins une portion équivalente à la grosseur de son poing fermé à chaque repas, ou lors des collations, pour un total de trois fois par jour.

- ❑ Il consomme des aliments provenant du groupe des fruits et légumes dans une quantité équivalente à la grosseur de son poing, au moins trois fois par jour (la grosseur du poing inclut les fruits et les légumes combinés).

- ❑ Il consomme au moins deux fois, idéalement trois fois, sa paume de main en viande ou substitut.

- ❑ Il consomme des produits laitiers ou des substituts du lait en quantité suffisante, soit au minimum 500 ml de lait ou de substitut de lait.

- ❑ Il mange au moins trois fois par jour.

- ❑ Il a accès à une ou deux portions d'aliments riches en calories par jour afin de combler ses besoins énergétiques (par exemple, petit gâteau, crème glacée, friandise).

Enrichir l'alimentation

L'enrichissement de l'alimentation s'adresse aux enfants qui grandissent de façon sous-optimale seulement à cause d'un apport alimentaire insuffisant. Les nutritionnistes peuvent vous aider à déterminer spécifiquement le bon type d'enrichissement pour votre enfant et la quantité journalière appropriée. De façon générale, les enfants ont besoin d'une alimentation riche en énergie provenant des trois types de macronutriments, soit glucides, protéines et lipides. Voici quelques conseils généraux d'enrichissement qui peuvent maximiser la densité énergétique de l'alimentation. Il n'est pas recommandé de modifier la proportion de macronutriments, à moins qu'elle soit réellement déséquilibrée. Ce n'est pas parce qu'un enfant mange peu de viande qu'il manque nécessairement de protéines. Il boit peut-être des litres et des litres de lait pour compenser... Ce n'est pas parce qu'il mange peu de légumes qu'il doit à tout prix prendre des multivitamines. Il mange peut-être amplement de fruits... Une supplémentation ou un enrichissement injustifié peut effectivement causer plus de tort que de bien. Chaque enfant est différent. L'évaluation nutritionnelle effectuée par les nutritionnistes vous permettra donc de savoir quels sont les nutriments qui manquent vraiment à l'alimentation de votre enfant. Les astuces qui suivent ne doivent donc en aucun cas remplacer les suggestions d'un professionnel qui connaît bien votre enfant.

Pour ajouter des protéines…

… saupoudrer les yogourts et les compotes de noix moulues.

… lui offrir des noix et des graines tous les jours si acceptées (à adapter selon les capacités oromotrices de l'enfant).

… ajouter une viande à son déjeuner (cretons, jambon, œuf, saucisse).

… lui offrir un œuf par jour à un repas ou camouflé dans les recettes.

… lui offrir des yogourts à plus haute teneur en protéines.

… lui offrir du fromage tous les jours.

… lui offrir des biscuits maison au beurre d'arachides à la collation.

Pour ajouter des lipides…

… ajouter un filet d'huile dans sa portion au repas.

… dans les sandwichs, beurrer les deux pains de margarine, beurre ou mayonnaise.

… faire tremper le pain dans de l'huile avec du vinaigre dans une assiette (façon italienne !).

… faire tremper les crudités dans des vinaigrettes ou trempettes.

… ne surtout pas lui offrir de produits allégés !

… remplacer le lait 3,25 % par du lait 3,28 % bio, disponible dans la section des produits bio.

Pour ajouter en glucides...

... saupoudrer compotes, yogourts, céréales du matin ou autres aliments qui s'y prêtent bien de sucre, miel ou sirop d'érable.

... choisir une garniture sucrée sur les rôties (par exemple, beurre d'arachides et confiture, Nutella).

... intégrer des féculents à chaque repas (pomme de terre, patate douce, courge, maïs, légumineuses).

... ajouter 10 ml (2 c. à thé) de son d'avoine tous les jours dans les recettes pour un meilleur apport en fibres.

... offrir des collations à base de céréales : craquelin, pain aux bananes, muffin.

... augmenter les fruits d'une à deux portions par jour pour compenser les glucides.

... offrir des jus (deux fois par jour suffisent).

... intégrer régulièrement des desserts aux fruits au menu (par exemple, croustade aux pommes, fruits avec fondue au chocolat ou sirop de chocolat dessus, gâteau renversé aux fruits).

Vous ne savez peut-être pas encore quels nutriments sont à risque de carence chez votre enfant, mais vous savez ce qu'il choisit comme groupe alimentaire. Dès leur plus jeune âge, on voit se dessiner le profil alimentaire des enfants. Alors que l'un dévore la viande goulûment, mais grimace à la simple vue d'une photo de légume, l'autre s'affiche clairement comme un futur végétarien ! C'est le propre de l'individu. Avec toute la variété d'aliments disponibles maintenant, il serait faux de croire qu'il n'y a qu'un seul mode d'alimentation qui soit convenable. Mais, il faut admettre que la situation est plus difficile lorsque l'enfant est aux prises avec des difficultés alimentaires, que ce soit parce qu'il est autiste ou pour d'autres raisons. Qu'il soit carnivore ou herbivore, ou simplement «fine gueule», pas de panique! Les «trucs» suivants vous aideront à compenser l'alimentation de votre petit mangeur en vous adaptant à ses préférences en attendant qu'il combatte sa peur du nouveau ou que les collations thérapeutiques portent des fruits.

Il mange peu de produits céréaliers?

… Intégrer d'autres féculents à chaque repas (pomme de terre, patate douce, courge, maïs, légumineuses).

… Ajouter une cuillère à thé de son de blé ou d'avoine tous les jours dans les recettes pour un meilleur apport en fibres.

… Lui offrir des collations à base de céréales: craquelin, pain aux bananes, muffin.

… Augmenter les fruits d'une à deux portions par jour pour compenser les glucides.

… Saupoudrer de sucre les compotes, yogourts ou autres aliments qui s'y prêtent bien.

… Mettre un peu de miel ou sirop d'érable dans les céréales du matin ou le gruau.

… Choisir une garniture sucrée sur les rôties (par exemple, beurre d'arachides et confiture, Nutella).

Il mange peu de fruits?

… Lui offrir des jus (deux fois par jour suffisent).

… Augmenter les légumes pour compenser les vitamines et varier les légumes.

… Intégrer régulièrement des desserts aux fruits au menu (par exemple, croustade aux pommes, fruits avec fondue au chocolat ou sirop de chocolat dessus, gâteau renversé aux fruits).

… Fournir un supplément multivitaminique (consulter un nutritionniste).

Il mange peu de légumes ?

… Lui offrir du jus de légumes riche en fibres (V8 Plus).

… Camoufler des légumes dans les recettes (légumes en purée dans les sauces, en très petits morceaux ou râpés).

… Faire des mélanges de jus de fruits et de légumes.

… Augmenter la consommation de fruits pour compenser les vitamines et varier les fruits.

… Fournir un supplément multivitaminique (consulter un nutritionniste).

… Lui offrir jus de légumes riche en fibres (V8 Plus).

Il mange peu de produits laitiers ?

… Lui offrir du jus d'orange enrichi de calcium et de vitamine D (par exemple, Tropicana Essentials, Minute Maid) et des substituts du lait.

… Camoufler le lait ou les substituts dans les recettes, potages, desserts au lait.

… Lui offrir crème glacée, yogourt glacé, Popsicle au yogourt quelques fois par semaine.

... Ajouter de la poudre de lait écrémé aux recettes (environ 4 c. à table (60 ml) par jour équivalent à 1 tasse (250 ml) de lait et comblent la moitié des besoins).

... Utiliser des sources de calcium non laitières significatives (tofu, saumon avec les arêtes, etc.), mais ne comptez pas sur les sources végétales, car elles sont mal absorbées.

Il mange peu de viande ?

... Lui offrir des œufs souvent (jusqu'à sept œufs par semaine).

... S'assurer de cuisiner des pâtes alimentaires enrichies en fer.

... Lui offrir une diète lacto-ovo-végétarienne (plus de légumineuses, de tofu).

... Ajouter des noix moulues aux recettes (repas, *smoothies*).

... Augmenter les « alternatives » (beurre d'arachides, œuf, haricots, tofu, noix).

... Cacher des œufs et de la viande dans les recettes (par exemple, pain doré avec un œuf complet en mettant peu de lait, viande en purée dans la sauce tomate) (*Attention ! À éviter avec les hypersensibles qui détectent tout ! Ils cesseront de vous faire confiance !)

... Modifier la texture de la viande : hachée, en petits cubes, ou offrir des viandes moins fibreuses (poulet, jambon, poisson).

... Augmenter l'apport en fer grâce à des recettes à base de céréales pour bébé.

... Informer votre médecin qui prescrira des tests d'anémie au besoin et vous dirigera vers une nutritionniste.

Avant de supplémenter, soulagez !

Les substances contenues dans les suppléments sont des micronutriments. Ils sont requis en quantités inférieures à 1 g par jour. L'apport adéquat enmacronutriments, soit les proportions de protéines, glucides et lipides, est un prérequis essentiel avant toute tentative de supplémentation. C'est pourquoi nous vous avons fourni des pistes pour pallier les groupes alimentaires que votre enfant ne consomme pas. Les suppléments sont couramment utilisés et recommandés aux enfants autistes, et il y en a tellement que l'on croit à tort que c'est l'élément essentiel du traitement. On oublie le corps de l'iceberg : l'équilibre alimentaire en fait partie, certes, mais surtout l'élimination des inconforts comme ceux causés par les allergies ou les intolérances. Il ne sert à rien de donner des suppléments à un enfant qui souffre de reflux ou qui est en inflammation si l'on n'a pas encore trouvé ce qui l'incommode. Ce ne sera que pur gaspillage, et les changements qui pourraient être observables à la suite de la supplémentation seraient tout simplement masqués par l'inconfort principal.

> *Nous avons donné beaucoup de suppléments à notre enfant à un moment donné. Il nous a fallu choisir, car cela l'empêchait de vouloir manger, nous devions nous battre avec lui pour lui faire avaler des comprimés.*

Les allergies alimentaires surviennent chez un sous-groupe d'enfants autistes. Parfois, les symptômes sont évidents, comme l'eczéma, les dermatites ou la détresse respiratoire, mais parfois ils sont plus subtils, ne créant que des pertes d'appétit ou un piètre état général. C'est que les allergies ne sont pas toujours immédiates. Elles peuvent parfois survenir plusieurs heures, même plusieurs jours après l'ingestion de l'aliment. De plus, comme dans le cas des intolérances, c'est parfois un ou plusieurs groupes alimentaires qui sont incriminés, comme les produits laitiers ou le gluten, les additifs, les phénols, les salicylates, les disaccharides, etc. Il est important de consulter un allergologue ou un gastroentérologue lorsqu'il y a suspicion d'allergie ou d'intolérance, et ce, avant de tenter de modifier la diète de quelque façon que ce soit, car l'exclusion de l'allergène peut empêcher le diagnostic. Lorsqu'aucun test positif ne ressort, rien n'empêche un parent de tenter une démarche par la suite, car les tests d'allergie ne réussissent pas toujours à détecter les allergies, et encore moins les intolérances ou sensibilités. Mais, modifier la diète avant d'avoir consulté un spécialiste n'est pas une bonne idée, car les tests existent et sont utiles. Lorsqu'ils sont concluants, ils vous ouvrent des pistes.

Identifier les intolérances : soyez méthodique !

Nous vous suggérons donc, après avoir éliminé toute autre condition médicale par les analyses recommandées par le médecin, de tenter d'identifier les allergies et intolérances grâce à une approche très systématique, qui exclut la majorité des allergènes, ceux qui sont le plus souvent impliqués dans les troubles de l'alimentation des autistes. Cette diète très simple n'est pas conçue pour être maintenue plus de deux ou trois semaines, car des carences risqueraient de s'installer. Elle a pour but de faire table rase, de voir ce que le corps de votre enfant ressentira comme bénéfice lorsqu'il n'est pas exposé aux allergènes les plus souvent en cause. Elle n'exclut pas tous les allergènes, mais elle met à part surtout ceux qui sont susceptibles de causer les allergies retardées, en supposant que les allergies immédiates ont été identifiées, car elles produisent habituellement des symptômes plus immédiats ou plus spectaculaires et passent moins souvent inaperçues. Il se peut que votre enfant ait de multiples allergies et qu'un allergène soit présent dans la diète initiale, mais les chances sont minces. Si tous les allergènes potentiels étaient exclus, les risques de carence et la complexité feraient de cette diète initiale un outil trop complexe à mettre en pratique. C'est ni plus ni moins une bonne façon d'amorcer votre démarche.

Diète initiale

Produits céréaliers et féculents (viser au moins un volume équivalent au poing de votre enfant à chaque repas)	Viandes (viser une quantité équivalente à la paume de votre enfant à chaque repas)
• Riz • Pomme de terre • Quinoa • Sarrasin • Céréales de riz ou de quinoa sans gluten • Pâtes alimentaires sans gluten • Farines sans gluten pour substituer les farines traditionnelles	• Poulet • Porc • Agneau • Cheval • Poisson • Œuf
À volonté	**Substituts du lait (viser 500 ml / 2 tasses par jour au total)***
• Légumes : tous, sauf le maïs • Fruits : tous	• Lait d'amandes ou de riz, saveur au choix • Jus d'orange enrichi de calcium et de vitamine D

*Assurez une bonne hydratation, car cela peut être problématique si votre enfant ne boit pas beaucoup d'eau et dépend exclusivement du lait pour s'hydrater et refuse le substitut. Compensez l'hydratation par le jus enrichi.

Cette diète semble peu variée, mais fournira tous les groupes alimentaires, et si l'appétit est suffisant et si les portions sont adéquates, elle fournira les nutriments dont votre enfant a besoin durant cette période d'observation. À vos crayons ! Notez tout, car vous ne voudrez pas avoir à recommencer !

Après deux ou trois semaines d'exclusion pour chaque aliment, si vous avez remarqué une certaine amélioration de l'état de votre enfant, persévérez encore deux semaines. S'il n'y a aucun changement, il est probable que votre enfant ne soit pas l'un de ceux qui souffrent d'une intolérance quelconque et qu'il vous faudra explorer d'autres avenues de solution. Toutefois, vous pouvez réintroduire un groupe à la fois et continuer à écrire vos observations juste pour vous assurer de sa tolérance à tous les groupes alimentaires.

Vous ne pouvez pas tenter deux groupes d'aliments en même temps sans brouiller les cartes. Nous vous suggérons une séquence qui permettra d'y voir plus clair.

Étapes de réintroduction

Première étape : Mon enfant tolère-t-il le soya ?

Tentez une portion de tofu ou de lait de soya par jour pendant cinq jours. Si vous n'observez aucun changement, ajoutez le lait de soya à votre liste de substituts du lait. Il en existe à plusieurs saveurs, les laits aromatisés (enrichis) étant les plus appréciés des enfants. Tirez-en profit, ils sont de bonnes sources de calcium et de vitamine D et vous faciliteront la vie pour les recettes. Si vous remarquez que votre enfant va moins bien, ne réintégrez pas le soya. Revenez à la diète de l'étape précédente pour quelques jours jusqu'à ce que la situation semble rétablie avant de passer à l'autre étape.

Deuxième étape : Mon enfant tolère-t-il le maïs ?

Tentez 125 ml (½ tasse) de maïs par jour pendant 5 jours. Si votre enfant semble le tolérer, réintégrez le maïs afin de pouvoir profiter de produits sans gluten plus variés disponibles sur le marché qui contiennent souvent de la fécule de maïs. Gardez toutefois en tête que les produits à base de fécule sont de moins bons choix que les produits à base de farines, et si vous avez le choix, choisissez un pain avec des farines complètes. S'il ne le tolère pas, revenez à la diète de l'étape précédente pour quelques jours jusqu'à ce que la situation semble rétablie avant de passer à l'autre étape.

Troisième étape : Mon enfant tolère-t-il le gluten ?

Tentez une tranche de pain régulier par jour durant cinq jours. Si vous n'observez aucun changement, continuez en progressant avec les céréales régulières et les autres produits qui contiennent du gluten. Si vous remarquez des changements, continuez l'exclusion du gluten en revenant à la diète de l'étape précédente pour quelques jours jusqu'à ce que la situation semble rétablie avant de passer à l'autre étape. (Dans le doute, vous pourrez toujours tester de nouveau le gluten plus tard.)

Quatrième étape : Mon enfant tolère-t-il les protéines laitières ?

Tentez une portion de 30 g d'un fromage sans lactose, comme le cheddar, le Brick ou tout autre fromage ferme vieilli, durant 5 jours. Le fromage ferme ne contient habituellement pas de lactose, mais il contient des protéines du lait, de la caséine. Vous pourrez donc savoir si votre enfant tolère mal la protéine ou le lactose seulement grâce à cette étape. Si vous voyez revenir des symptômes, votre enfant ne tolère pas l'ensemble des produits laitiers, et même les produits sans lactose ne seront pas tolérés. Ne tentez pas l'étape suivante. Si vous ne voyez pas réapparaître de symptômes, passez à la cinquième étape.

Cinquième étape : Mon enfant tolère-t-il le lactose ?

Tentez 125 ml (½ tasse) de lait sans lactose dans les recettes. (N'offrez pas un verre de lait de vache au verre à votre enfant avant de savoir s'il le tolère vraiment, pour éviter la confusion. Les substituts du lait ne sont pas toujours évidents à faire accepter. Si c'est le cas, mieux vaut éviter la girouette !) Essayez cette portion de lait pendant cinq jours. Si votre enfant tolère le lactose, il ne devrait pas avoir de symptômes. S'il a des symptômes, c'est qu'une allergie au lait est probable et tous les produits laitiers sont mal tolérés. Si votre enfant tolère ce lait, c'est qu'il pourra consommer les produits sans lactose et donc bénéficier de nombreux produits laitiers. Son alimentation sera moins compliquée. Vous pourrez lui donner de la lactase en comprimés à croquer ou en gouttes trente minutes avant chaque consommation de produits laitiers contenant du lactose.

Prendre de bonnes notes, c'est tenir un carnet de bord alimentaire quotidien, car les symptômes d'intolérance ne sont pas toujours clairs. Ils surviennent souvent plusieurs jours après ou sont présents de façon chronique si le coupable est consommé régulièrement. Partagez les informations de votre carnet avec votre médecin, allergologue, gastroentérologue ou nutritionniste et vous serez entendu. Le tableau clinique, c'est-à-dire l'ensemble des symptômes de votre enfant, est un élément essentiel du diagnostic, surtout pour les enfants. Vous devrez, dans ce carnet, noter tous les aliments consommés, le nombre de crises, accorder des scores pour l'irritabilité, l'hyperactivité, le retrait social, etc. Tentez de rendre vos observations les plus objectives possibles en définissant des critères mesurables, par exemple, pour le retrait social : nombre d'heures passées sans interaction ou nombre d'interactions avec vous durant la journée. Vous réaliserez à quel point il n'est pas évident d'objectiver un comportement. C'est l'une des principales raisons pourquoi les études scientifiques ne donnent pas toujours les résultats escomptés ! La plupart d'entre elles dépendent des observations des parents ! C'est un travail de moine. Mais, quand la situation s'éclaircira, vous en serez récompensé, car vous saurez mieux ce qui fonctionne et ce qui ne fonctionne pas.

Si après ces étapes de réintroduction vous n'êtes pas certain des groupes qui ne sont pas tolérés, vous pouvez refaire les tests en laissant passer une semaine ou deux pour revenir à la base entre chaque essai. Une fois que vous avez une idée plus claire de la tolérance de votre enfant, consulter une nutritionniste vous permettra de maîtriser rapidement les aliments à éviter et les solutions pour combler les besoins et vous faciliter la vie. Ne faites pas ce travail sans aide, vous y dépenseriez beaucoup d'énergie alors qu'une nutritionniste pourra vous fournir tous les outils dont vous avez besoin dès le départ. Chercher des conseils sur le Web est la pire chose à faire quand il s'agit de régime d'exclusion.

Par prévention, parce que ces enfants mangent de façon moins variée, la tendance populaire est de recommander d'office un supplément de multivitamines et minéraux pour tous les enfants autistes, à la suite d'une étude qui a démontré quand même des résultats modestes, mais significatifs sur les symptômes généraux, dont ceux liés à l'expression, aux crises et à l'hyperactivité (Adams et coll., 2011). Vu le nombre de vitamines et minéraux qui s'avèrent plus souvent déficients chez les autistes que chez la population en général et l'impossibilité de tous les tester, le supplément de multivitamines et minéraux semble une façon simple d'aller combler au moins les besoins au minimum. Cette mesure ne devrait toutefois pas remplacer les conseils personnalisés d'un professionnel qui pourrait s'assurer que cette mesure est nécessaire et sans inconvénient. Rien ne vaut l'évaluation nutritionnelle, car comme nous ne cessons de le répéter, chaque enfant est différent et l'autisme est multifactoriel. Une analyse sanguine permettra de doser les nutriments qui sont réellement déficients et, dans ces cas précis, la supplémentation doit faire partie du traitement et faire l'objet d'un suivi médical. Nous répertorions dans le tableau suivant les différents nutriments et vous suggérons des sources afin que des suppléments ne soient utilisés que lorsque nécessaire. Il serait faux d'affirmer que tous les suppléments de vitamines et minéraux contiennent effectivement ce qu'ils prétendent contenir et que ceux-ci sont sans effets secondaires, et que lorsque les substances y sont, elles sont bien absorbées. L'absorption des vitamines est à son meilleur lorsqu'elles proviennent des aliments. À partir du moment où l'on combine plusieurs micronutriments dans la même capsule, on réduit déjà de beaucoup les chances de l'organisme de pouvoir assimiler le tout. Les suppléments multivitaminiques ne sont donc pas une panacée. De plus, pour un enfant qui a une digestion lente ou qui est sujet à faire du reflux, il se peut que les suppléments ne soient pas aussi bien tolérés qu'on le souhaiterait. Néanmoins, vous avez ci-dessous la liste de ce qui peut être offert et à quelles doses ces substances ont été testées lorsque des études sont disponibles à cet effet. Notez que si vous réussissez à intégrer les sources suggérées de façon régulière dans le menu de votre enfant, il n'a probablement pas besoin de suppléments, sauf pour quelques nutriments-clés qui sont très difficiles à aller chercher dans l'alimentation pour la population en général, donc encore plus difficiles pour les autistes. Il est suggéré de commencer par des doses plus faibles et de progresser très graduellement sans dépasser les doses maximales et de bien observer l'évolution des symptômes ou l'apparition d'effets secondaires.

Les vitamines liposolubles (A, D, E, K) ont le potentiel de s'accumuler dans le foie et exigent donc une plus grande précaution pour éviter la toxicité. Toutes les autres vitamines sont hydrosolubles, donc les surplus sont éliminés par les reins. Les risques de toxicité ne sont pas nuls, mais moindres, et les doses maximales sont par conséquent plus élevées.

Prévenir et gérer les carences

Généralement, le danger de donner des suppléments est de faire de votre enfant un sujet d'expérimentation. Prendre des suppléments n'est pas nécessairement simple pour les autistes.

Nous vous présentons donc un aperçu des suppléments et de leur usage afin que vous soyez suffisamment en mesure de choisir ceux qui vous semblent les plus pertinents afin d'en offrir le moins possible. Toutefois, parmi ceux-ci, ceux qui ont tendance à comporter le plus d'avantages sans causer d'inconvénients sont les suivants : la vitamine D, le magnésium, le zinc, les oméga-3, les probiotiques et les suppléments de multivitamines et minéraux. Ils comportent généralement peu de risques. Dans le cas de la vitamine D, des oméga-3 et des probiotiques, ils sont facilement camouflables dans les aliments, car ils se vendent soit sous forme de gouttes, sous forme de liquide ou sous forme de poudre. Votre enfant ne se rendra donc pas compte que vous le supplémentez. Tentez toujours les essais de suppléments un à la fois afin de bien en révéler les effets positifs ou négatifs. « Progressez » les doses graduellement. Une approche patiente est ce qui vous permettra d'y voir bien clair. Les doses énoncées dans ce tableau sont pour un enfant de 27 kilos (60 livres). Vous devez ajuster cela au poids de votre enfant, par exemple diviser par 2 s'il pèse 14 kilos (30 livres).

Nutriment	**Source**	**Supplémentation** (pour 60 lbs/27 kg de poids corporel)
B6	Les volailles, les poissons, les fruits de mer, les abats sont les principales sources de B6. Certaines légumineuses et certains produits dérivés de soya en contiennent également.	La supplémentation en vitamine B6 (8 à 15 mg par livre de poids, maximum 40 ug). Les fortes doses doivent être accompagnées de magnésium (110 mg au maximum) pour éviter l'hyperactivité qui survient dans 20 % des cas. Selon certaines études, certains enfants réagiraient mieux aux formes non phosphatées (HCl) et d'autres aux formes phosphatées (PLP), mais la HCl est celle qui a été la plus étudiée jusqu'à maintenant.
B12	Tous les aliments d'origine animale contiennent de la B12. Les carences en B12 surviennent surtout chez les individus végétariens qui ne consomment ni produits laitiers issus de la vache, ni poissons, ni œufs.	Plusieurs études démontrent que les taux sanguins de B12 sont inférieurs chez les enfants autistes. La carence en B12 entraîne une anémie qu'il est important de corriger, qui se manifeste entre autres par des états dépressifs. La dose habituellement recommandée est de 600 ug .

Nutriment	Source	Supplémentation (pour 60 lbs/27 kg de poids corporel)
Acide folique	Légumineuses Asperge, okra, épinard Abats tels le foie ou le pâté de foie Les pâtes alimentaires enrichies sont une excellente source de folates alimentaires.	L'acide folique est plus souvent abaissé dans le sang des autistes. Les enfants soumis à une diète sans gluten et sans caseine sont plus à risque de manquer d'acide folique car ils n'ont pas accès aux produits enrichis. L'acide folique ou l'acide de méthyltetrahydrofolate sont les formes requises pour les autistes. Doses de 400 ug de suppléments maximales recommandées. Cette vitamine travaille en synergie avec la B12.
B1, B2, B3	B1 (thiamine)[1] B2 laits et produits laitiers, flocons de maïs, lait de soya enrichi, foie B3[2]	B1 : Dose habituelle du supplément de 30 mg. B2 : Les enfants qui ne consomment pas de lait sont à risque de carence en B2, qui se manifeste entre autres par des stomatites (gerçures à la commissure des lèvres). La dose recommandée est de 40 mg. B3 : Dose maximale de 15 mg.
D	Lait et substituts du lait enrichi Jus d'orange enrichi de calcium et de vitamine D Notez qu'il n'y a pas de vitamine D dans le fromage et dans la majorité des yogourts.	Les besoins en vitamine D ne sont pas comblés pour la plupart d'entre nous, surtout en période de faible ensoleillement. Les enfants autistes sont plus à risque, surtout si une diète sans produits laitiers est suivie, et les suppléments en vitamine deviennent alors obligatoires. Le supplément en gouttes de 400 UI par goutte est convenable, et les 7 gouttes peuvent être regroupées en une seule prise au début de la semaine.

1. Extrait de levure, porc, céréales à déjeuner et autres produits céréaliers enrichis.
2. Toutes les viandes incluant les poissons, les oeufs, produits végétariens et certains produits céréaliers enrichis.

Nutriment	Source	Supplémentation (pour 60 lbs/27 kg de poids corporel)
Vitamine C	Fruits, légumes, jus de fruits	En général, la supplémentation en vitamine C ne se justifie que lorsqu'il y a une carence réelle diagnostiquée par les analyses sanguines ou des conditions particulières en augmentant les besoins. Les besoins sont assez faciles à combler par l'alimentation et toute dose excessive constitue une surcharge pour les reins.
Vitamine K	Les légumes vert foncé sont les sources de vitamine K par excellence. Les carences en vitamine K sont toutefois très rares.	L'usage de suppléments de vitamine K n'est pas recommandé, à moins d'une carence objectivée par des analyses sanguines.
Magnésium	Le magnésium existe dans une variété de groupes d'aliments : poissons, noix, céréales complètes, chocolat, etc.	Les taux de magnésium sont souvent plus bas chez les autistes. Le magnésium est impliqué dans plusieurs processus métaboliques. C'est pour cette raison qu'il constitue souvent l'un des premiers suppléments à tenter.
Fer	Crème de blé, son de blé, son d'avoine, céréales pour bébé, pâtes alimentaires (enrichies). Notez que les pâtes alimentaires enrichies fournissent habituellement la moitié des besoins en fer des enfants. Maximisez les sources de fer d'origine végétale en les combinant avec une source de vitamine C (par exemple, des fruits). Évitez les grandes quantités (plus de 4 tasses par jour) de lait de vache, qui nuisent à l'absorption du fer et exacerbent l'anémie.	La supplémentation en fer devrait se faire lorsqu'une anémie est démontrée, car les excès de fer peuvent être nocifs. La supplémentation en fer se fait sous la supervision d'une nutritionniste.

Nutriment	Source	Supplémentation (pour 60 lbs/27 kg de poids corporel)
Zinc	Le zinc est présent seulement dans les aliments d'origine animale: camouflez la viande en purée dans les sauces, pâtés, soupe-crème, etc. Explorez le monde des coquilles (palourdes, moules, etc.) que vous pouvez servir par exemple en chaudrée. Ce sont les meilleures sources de zinc.	Le zinc est un cofacteur important dans plusieurs réactions et est grandement impliqué dans l'immunité. C'est l'un des minéraux qui est le plus souvent abaissé chez les enfants autistes, et nous savons que le statut en zinc de la mère affecte les risques d'avoir un enfant autiste, d'où l'importance de s'assurer que les besoins sont bien comblés. Les petits mangeurs de viande sont plus à risque.
Calcium	Produits laitiers et substituts du lait sont les sources les mieux absorbées. Le jus d'orange enrichi de calcium et de vitamine D est bien absorbé. Les sources végétales comme les légumes ne sont pas sous une forme facilement assimilable pour l'humain. Bien agiter les substituts du lait enrichi avant chaque usage pour tirer profit du calcium chaque fois, car il s'accumule au fond du contenant (voir annexe pour les sources non laitières de calcium).	Les suppléments de calcium doivent être donnés dans les quantités qui permettent de compléter l'alimentation de l'enfant. Pour chaque portion de source de calcium manquante, fournir 300 mg de calcium. Si votre enfant n'est pas capable de croquer des comprimés, il y en a sous forme de *gummies*. Sinon, écrasez les suppléments de calcium à croquer dans les recettes de crêpes, pain doré, *smoothies* pour les camoufler.
Oméga-3	Aliments d'origine marine: algues, saumon, thon, sardines. Graines de chia (une fois moulues, elles sont plus faciles à camoufler dans les recettes que les graines de lin). Optez pour l'huile de canola et les margarines à l'huile de canola.	Effets bénéfiques de la supplémentation, surtout chez les enfants qui mangent du poisson moins d'une fois par mois. Dose: 20 à 60 mg/kg Pour les enfants plus jeunes, privilégiez les huiles plus riches en DHA, pour les plus vieux, en EPA. Les huiles provenant des plus petits poissons (par exemple, les sardines) sont moins susceptibles d'être contaminées par les métaux lourds comme le mercure.

Nutriment	Source	Supplémentation (pour 60 lbs/27 kg de poids corporel)
Acides aminés	Les acides aminés sont les composantes des protéines. Il est impossible de savoir quel acide aminé est déficient dans l'alimentation de votre enfant sans une évaluation nutritionnelle détaillée.	L'ajout de suppléments d'acides aminés devrait se faire sous la supervision d'un nutritionniste et seulement lorsque l'apport en protéines est trop faible, car cela peut rendre l'alimentation moins équilibrée. Une trop grande proportion de protéines n'est pas sans risques pour la santé.
Carnitine	La carnitine est naturellement présente dans le bœuf et le porc. Les autres viandes n'en contiennent que très peu. Une demi-livre de steak fournit 1 g de carnitine, soit l'équivalent d'une dose habituelle de supplément de carnitine. Toutefois, la carnitine provenant de la nourriture est absorbée à 60 %, alors que celle des suppléments est absorbée à 15 %.	Les enfants à risque de souffrir de carence de carnitine sont ceux qui ne consomment ni bœuf ni porc. La carnitine est habituellement bien tolérée. Il est à noter que la carnitine n'est pas le seul facteur affectant la fonction mitochondriale.
Glutathion	Le glutathion est produit par l'organisme. Il n'existe pas de sources alimentaires de glutathion.	Les suppléments de glutathion sont peu absorbés et n'ont pas d'effet sur le stress oxydatif. Le taux de glutathion dans l'organisme est influencé par une foule de facteurs et peut être augmenté en fournissant à l'organisme les nutriments nécessaires à sa production, dont la vitamine C, l'acide folique. Il existe plusieurs études se concentrant sur les effets de diverses substances sur le glutathion sanguin, mais il y a très peu de données sur les effets sur le plan comportemental des enfants autistes.

Recettes pour grandir

Dans cette section, les valeurs nutritives sont calculées pour une portion usuelle d'un adulte et sont données à titre indicatif seulement. Il est essentiel d'ajuster les portions selon l'âge de l'enfant et son appétit.

Recettes riches en fer pour petits mangeurs de viande

Pain aux bananes

(18 tranches)

1 ¾ tasse (425 ml) de farine au choix

1 ½ tasse (375 ml) de céréales de riz pour bébé

½ c. à thé (2 ml) de bicarbonate de soude

½ c. à thé (2 ml) de sel

¼ tasse (60 ml) de margarine

¼ tasse (60 ml) de sucre

1 œuf

1 tasse (250 ml) de bananes, écrasées à la fourchette

1 c. à thé (5 ml) d'extrait de vanille

2 c. à thé (10 ml) de poudre à pâte

Mélanger les quatre premiers ingrédients. Dans un autre bol, combiner la margarine, le sucre et l'œuf. Ajouter la purée de banane, les céréales de son et la vanille. Ajouter les ingrédients secs et mélanger légèrement. Verser dans un moule à pain graissé de 23 cm/13 cm/8 cm (9 po/5 po/3 po). Cuire dans un four préchauffé à 175 °C (350 °F) de 50 à 60 minutes ou jusqu'à ce qu'un couteau inséré au centre en ressorte propre ou que le pain décolle légèrement du moule.

Calories : 143 cal.	Gras : 3 g.	
Fibres : 0,5 g.	Glucides : 26,2 g.	Protéines : 2,7 g.

BISCUITS À L'AVOINE

(12 BISCUITS)

⅓ tasse (75 ml) de beurre ou de margarine sans lactose

½ tasse (125 ml) de cassonade

1 œuf

4 c. à thé (20 ml) d'eau chaude

¼ tasse (60 ml) de farine au choix

1 tasse (250 ml) de céréales pour bébé au choix

½ c. à thé (2 ml) de crème de tartre

½ c. à thé (2 ml) de sel

½ c. à thé (2 ml) de bicarbonate de soude

1 ½ tasse (375 ml) de farine d'avoine

½ c. à thé (2 ml) d'extrait de vanille

Mélanger le beurre, le sucre et ensuite l'eau. Combiner les ingrédients secs et les incorporer au mélange humide. Ajouter la vanille. Laisser tomber le contenu de cuillères à table sur une plaque à biscuits graissée. Faire cuire dans un four préchauffé à 175 °C (375 °F) pendant 12 minutes.

À noter : Ces biscuits s'effritent un peu plus que des biscuits ordinaires. Si cela vous dérange, servez-les sur du yogourt comme du granola.

Calories : 153 cal.	Gras : 5,4 g.	
Fibres : 0,3 g.	Glucides : 24,4 g.	Protéines : 2 g.

MUFFINS À L'ORANGE

(12 MUFFINS)

1 orange non pelée coupée en quartiers

⅓ tasse (75 ml) de concentré de jus d'orange

⅓ tasse (75 ml) de dattes hachées

1 œuf

3 c. à table (45 ml) d'huile

3 c. à table (45 ml) de miel

1 tasse (250 ml) de farine au choix

2 tasses (500 ml) de céréales de riz enrichies pour bébé

2 c. à thé (10 ml) de poudre à pâte

½ c. à thé (2 ml) de sel

Au mélangeur ou au robot, réduire l'orange en purée. Ajouter le jus, les dattes hachées, l'œuf, l'huile et le miel jusqu'à ce que le tout soit bien mélangé. Dans un grand bol, mélanger les ingrédients secs. Verser les ingrédients liquides sur les ingrédients secs et brasser juste assez pour humecter le tout. Verser la préparation dans des moules à muffins bien graissés et cuire à 400 °C (200 °F) environ 15 minutes.

Calories : 224 cal.	Gras : 3,9 g.	
Fibres : 1 g.	Glucides : 43,5 g.	Protéines : 3,8 g.

Recettes riches en énergie pour les petits appétits

CARRÉS GRANOLAS EXPRESS AU SÉSAME

(ENVIRON 2 DOUZAINES DE CARRÉS)

2 tasses (500 ml) de céréales de riz soufflé

⅓ tasse (75 ml) de chacun des éléments suivants : graines de sésame, graines de tournesol non salées, noix de coco râpée

½ tasse (125 ml) de poudre de lait écrémé, non reconstituée, ou de poudre de coco

2 c. à table (30 ml) d'huile de canola

2 c. à table (30 ml) de miel

½ tasse (125 ml) de guimauves

⅓ tasse (75 ml) de beurre d'arachides

Mélanger les cinq premiers ingrédients. Faire chauffer à feu doux les autres ingrédients en remuant jusqu'à consistance lisse. Incorporer le mélange d'ingrédients secs et bien mélanger du bout des doigts. Presser dans un moule rectangulaire et réfrigérer une heure. Couper en carrés et conserver une semaine au garde-manger dans un récipient hermétique.

Calories : 94,5 cal. Gras : 5,2 g.

Fibres : 1 g. Glucides : 10,4 g. Protéines : 2,3 g.

SMOOTHIE SUPER NUTRITIF

Voici un *smoothie* qui représente un bon substitut aux suppléments nutritionnels commerciaux. Il fournit protéines, glucides, lipides, vitamines et minéraux, incluant le calcium.

À noter : Vous pouvez varier les goûts à votre guise en utilisant vos saveurs préférées de tofu, sorbet et vos fruits préférés.

1 tasse (250 ml) de grosses bananes mûres en tranches, congelées, ou de sorbet à la mangue

Contenant de 150 g de tofu à dessert (saveur de caramel, de vanille, ou autre)

Contenant de 125 g de pouding au soya (saveur de noix de coco, de caramel, ou autre)

2 c. à table (30 ml) de sirop d'érable ou de miel

1 tasse (250 ml) de lait au choix

2 c. à table (30 ml) de poudre de coco ou ¼ tasse (60 ml) de lait de coco

¼ tasse (60 ml) de concentré de jus d'orange enrichi de calcium et de vitamine D

Un comprimé de multivitamines et minéraux écrasé (par exemple, Centrum Junior, Flinstones)

Passer tous les ingrédients au mélangeur. Servir dans une coupe avec une paille et déguster. Cette recette peut être refaite en plusieurs variantes, avec des fruits différents ou des saveurs de tofu et de pouding différentes.

Calories : 216 cal.	Gras : 7,9 g.	
Fibres : 1,4 g.	Glucides : 34,4 g.	Protéines : 6,9 g.

BISCUITS À L'ORANGE RICHES EN CALCIUM

(ENVIRON 24 BISCUITS)

2 œufs

1 tasse de sucre

½ tasse de poudre d'amandes

1 tasse de farine sans gluten

1 c. à thé (5 ml) de poudre à pâte

⅓ tasse (75 ml) de concentré de jus d'orange

Amandes effilées ou canneberges séchées pour garnir (facultatif)

Préchauffer le four à 175 °C (350 °F). Faire mousser les œufs avec le sucre. Ajouter le concentré. Mélanger les ingrédients secs. Incorporer au mélange d'œufs. Laisser tomber le contenu de cuillères à table sur un papier sulfurisé. Si désiré, saupoudrer les biscuits de quelques amandes effilées ou de canneberges. Cuire de 12 à 15 minutes jusqu'à ce que les biscuits soient tout juste dorés. Ne pas trop cuire. Laisser refroidir. Se conserve très bien dans un récipient hermétique de 7 à 10 jours.

Calories : 46 cal.	Gras : 1 g.	
Fibres : 0,1 g.	Glucides : 6,8 g.	Protéines : 2,7 g.

Recettes riches en protéines pour petits mangeurs de viande

À noter : Cette recette, en proposant un tofu bien grillé avec un petit goût sucré, est une bonne façon de faire aimer le tofu aux enfants.

TOFU GÉNÉRAL TAO

(4 PORTIONS)

200 g de tofu ferme en cubes de la grosseur désirée

Gingembre râpé au goût (facultatif)

Une gousse d'ail hachée (facultatif)

Huile pour cuisson

Sauce

¼ tasse (60 ml) de cassonade

2 c. à table (30 ml) + 1 c. à thé (5 ml) de fécule de maïs

1 pincée de sel

2 c. à table (30 ml) de chacun des éléments suivants : vinaigre de riz, sauce soya, ketchup

Pâte de cari ou sauce sriracha au goût (facultatif)

Jus de lime au goût (facultatif)

Oignons verts, ciboulette fraîche ou coriandre fraîche hachés pour garnir

Dans un grand poêlon, réchauffer l'huile. Enrober les cubes de tofu de fécule en gardant une cuillère à thé pour la sauce. Les faire revenir dans l'huile avec le gingembre et l'ail. Pendant ce temps, mélanger les ingrédients de la sauce. Quand le tofu est bien doré, ajouter la sauce et laisser mijoter de deux à trois minutes pour épaissir. Réduire le feu et cuire une ou deux minutes de plus.

Calories : 220 cal.	Gras : 4,6 g.	
Fibres : 1,9 g.	Glucides : 38,2 g.	Protéines : 12,6 g.

CROQUETTES DE POISSON

(4 PORTIONS DE 100 G OU 8 CROQUETTES DE 50 G)

2 boîtes de 213 g de thon en conserve, égoutté, ou restes de poisson blanc, émietté

½ tasse (125 ml) de chapelure

1 œuf battu

1 pincée de sel

2 c. à table (30 ml) de « relish »

2 c. à table (30 ml) d'huile de canola

Mélanger tous les ingrédients, sauf l'huile. Faire des petites galettes d'environ 1,25 cm (½ po) d'épaisseur et les faire revenir dans l'huile environ 2 minutes de chaque côté.

Calories : 227 cal.	Gras : 8,4 g.	
Fibres : 0,7 g.	Glucides : 13 g.	Protéines : 23,8 g.

Soupe facile aux pois

(6 portions de 175 ml)

1 tasse (250 ml) de pois secs et cassés

4 tasses (1 L) d'eau

90 g (3 oz) de jambon cuit, de bacon de dos, de lardons ou de bacon ordinaire

½ tasse (125 ml) de céleri haché

¼ tasse (60 ml) d'oignon haché

2 c. à table (30 ml) de margarine ou de beurre

Fines herbes (thym, persil) (facultatif)

Sel, poivre au goût

Couvrir les pois d'eau, porter à ébullition et faire bouillir doucement pendant deux minutes. Retirer du feu, couvrir et laisser reposer une heure. Faire revenir les légumes dans la margarine. Les ajouter aux pois. Couvrir et faire mijoter d'une à une heure et demie ou jusqu'à ce que les pois soient tendres. Passer au mélangeur ou manger ainsi.

Calories : 165 cal.	Gras : 4,6 g.	
Fibres : 2,5 g.	Glucides : 20,8 g.	Protéines : 10,9 g.

MUFFINS (OU PAIN) AU SAUMON ET AU FROMAGE

(12 MUFFINS)

À noter : Cette recette sous forme de muffin est une bonne façon d'introduire le poisson dans l'alimentation de votre enfant.

1 œuf

2 blancs d'œufs

1 tasse (250 ml) de flocons d'avoine ou de crème d'avoine

2 boîtes de saumon en conserve

1 tasse (250 ml) de fromage râpé

¼ tasse (60 ml) d'oignon haché

1 branche de céleri haché

1 carotte râpée

2 c. à table (30 ml) de jus de citron

Dans un grand bol, battre les œufs. Incorporer le reste des ingrédients. Bien mélanger. Verser dans un moule à pain de 23 cm/12 cm (9 po/5 po) légèrement graissé ou dans des moules à muffins chemisés de papier. Cuire au four à 180 °C (350 °F) pendant 35 minutes (20 minutes si muffins). Laisser reposer cinq minutes avant de servir.

Calories : 104 cal.	Gras : 4,3 g.	
Fibres : 1,1 g.	Glucides : 7,7 g.	Protéines : 6,1 g.

Pain amandine

(1 pain de 20 cm/30 cm – 8 po/12 po)

À noter : Cette recette végétarienne fournit des protéines et des glucides dans un petit volume. Elle est idéale pour les petits mangeurs.

1 ½ tasse (375 ml) d'amandes moulues

1 tasse (250 ml) de chapelure au choix

1 tasse (250 ml) de riz cuit

2 œufs légèrement battus

1 tasse (250 ml) de tomates en conserve avec jus

½ tasse (125 ml) d'oignon haché fin

1 c. à thé (5 ml) de sauce soya ou tamari

1 c. à thé (5 ml) d'huile végétale

½ c. à thé (2 ml) de gingembre moulu (facultatif)

1 c. à table (15 ml) de persil frais haché

Sel et poivre au goût

Mélanger bien tous les ingrédients et tasser dans un moule de 20 cm/30 cm (8 po/12 po) vaporisé d'enduit antiadhésif. Cuire au four à 350 °F (180 °C) environ 30 minutes.

Calories : 97,7 cal.	Gras : 2,4 g.	
Fibres : 0,7 g.	Glucides : 14,1 g.	Protéines : 5,5 g.

SALADE DE « PIERRES PRÉCIEUSES »

(6 PORTIONS)

À noter : Cette salade contient seulement des aliments sphériques. On peut la présenter comme un trésor de pierres précieuses. Pour les enfants qui ont une préférence pour les aliments ronds, c'est une bonne façon d'apprivoiser les légumineuses.

3 c. à table (45 ml) d'huile de canola

¼ tasse (60 ml) de vinaigre de cidre

1 boîte de 398 ml de pois chiches rincés et égouttés

1 boîte de 398 ml de haricots rouges rincés et égouttés

½ tasse (125 ml) de maïs en grains égouttés

6 tomates cerises coupées en deux

6 petites betteraves coupées

2 oignons verts hachés finement

½ c. à thé (2 ml) de sucre

½ c. à thé (2 ml) de basilic séché, de persil, ou autre aromate au choix (facultatif)

Sel et poivre au goût

Mélanger l'huile et le vinaigre et ajouter tous les autres ingrédients. Réfrigérer une heure ou deux en remuant à quelques reprises.

Calories : 280 cal.	Gras : 8,7 g.	
Fibres : 8,2 g.	Glucides : 43,4 g.	Protéines : 8,7 g.

Modifier la diète de son enfant

Sachez que les expériences de modifications alimentaires ont pour la plupart pris naissance dans des bureaux de psychiatres ou de médecins qui ont donné leur nom à leur diète soi-disant révolutionnaire, au siècle dernier. Mais, le fruit de leurs recherches est pour la plupart issu de témoignages et n'a pas nécessairement passé le test de la validation scientifique. Autrement dit, pour plusieurs de ces diètes, nous n'arrivons pas à détecter de différence significative entre les personnes qui suivent l'une ou l'autre de ces diètes et celles qui n'en suivent aucune lorsque nous effectuons une étude qui contrôle les facteurs confondants et qui respecte les règles pour obtenir des résultats impartiaux. En alimentation, il y a d'ailleurs énormément d'impact avec l'effet placebo. Dès que l'on change sa diète, on a l'impression de se sentir mieux. Les bienfaits sont purement psychologiques, et c'est merveilleux, car cela signifie que le fait de nous sentir encouragés peut améliorer notre sort. À nous d'en tirer profit sans toutefois nous faire des œillères ! Si le fait de modifier la diète de votre enfant vous fait voir certaines améliorations, c'est que le fait de modifier la diète vous a rendu plus attentif, plus observateur à certains éléments ou comportements, et peut-être qu'en soi, cela vous a permis de mieux comprendre votre enfant. C'est peut-être aussi ce dont votre enfant a besoin, soit être mieux compris et recevoir un peu plus d'attention positive… Peut-être ressent-il votre encouragement, ce qui déteint sur lui ! L'effet placebo dure habituellement deux ou trois mois. Par la suite, la plupart des gens se rendent compte que les résultats ne durent pas et choisissent de revenir à leur ancien mode de vie. D'autres trouvent dans cet espoir un certain courage et poursuivent leur démarche, la plupart du temps en adaptant la diète à leur enfant pour plus de pérennité. Peu importe, si une modification de diète vous encourage, c'est au moins cela ! Il suffit parfois d'un petit coup de pouce pour vous remettre *en mode* solution et la diète entreprise ne sera peut-être pas celle qu'il vous faut à long terme, mais puisque tout changement a du bon, vous aurez sûrement appris quelque chose de plus sur votre enfant et cela ajoutera une corde de plus à votre arc. La diète populaire que tout le monde dénigre est peut-être pour vous un tremplin vers autre chose, ou vous y avez peut-être récolté certains outils bénéfiques. Mais, ne cherchez pas la diète miracle. Personne ne connaît votre enfant mieux que vous. Le miracle réside dans cette relation qui vous unit à votre enfant et dans le pouvoir de l'intuition, qui fait qu'un parent qui tente des choses en suivant son cœur a bien plus de chances d'aider son enfant que celui qui suit aveuglément un ensemble de règles alimentaires dictées par un étranger. Puisque vous « rencontrerez » ces diètes partout et que les gens vous les proposeront, je crois qu'il est important que vous puissiez comprendre l'essentiel de leurs arguments et vous faire votre propre idée sur ce qu'elles pourraient vous apporter, ou pas.

Diètes basées sur la restriction en glucides

Les diètes qui limitent la quantité de glucides dans l'alimentation de votre enfant sont basées sur l'hypothèse que les « maladies de la civilisation », comme l'autisme, le diabète, les maladies inflammatoires, sont causées par les différences marquées entre notre alimentation actuelle et celle de nos ancêtres de l'époque paléolithique. C'est que durant cette époque primitive, nous étions plutôt chasseurs-cueilleurs et l'idée de semer ne nous était pas encore venue à l'esprit. Nous consommions beaucoup plus de gras et de protéines, moins de glucides, quoique les fruits sauvages comme les baies aient toujours été disponibles. Les meilleurs gras, notamment les oméga-3, par la consommation d'animaux marins, étaient également plus présents. Cela répondait à nos besoins de l'époque, et peut-être que notre alimentation industrialisée a effectivement évolué trop vite pour que nous ayons pu nous adapter en tout point à toute cette variété de produits transformés basés principalement sur la culture du blé, sur le lait et l'huile de soya. Mais, il ne faut pas oublier que le cerveau de l'homme paléolithique était considérablement plus petit que le nôtre, et cela modifie forcément la demande en glucides de notre cerveau. Notre cerveau s'est développé grâce à l'augmentation de la disponibilité des sources de glucides lorsque nous sommes devenus des semeurs sédentaires. Le blé de l'époque nous a permis de décupler nos capacités cérébrales à plusieurs égards. Rendons à César ce qui appartient à César.

Les glucides ne sont donc pas les coupables. C'est le rythme auquel notre alimentation a évolué qui la rend tellement plus complexe à assimiler. Les modifications génétiques des aliments, même la sélection génétique des meilleures espèces, les monocultures et les substances ajoutées dans le but de produire toujours plus semblent satisfaire les besoins du capitalisme, mais c'est illusoire de croire que le corps de l'humain ait pu, en si peu de temps, s'adapter en développant exactement toutes les enzymes nécessaires pour digérer toutes ces nouvelles substances. L'industrie fait l'éloge de tous ces aliments révolutionnaires et de la variété, alors que notre corps adore la simplicité. Il sait évoluer avec la nature, mais l'évolution actuelle n'a rien à voir avec la nature. Ce sont des raccourcis que, même avec la meilleure des technologies, nous ne pourrons jamais prendre. La génétique humaine ne se manipule pas aussi facilement que celle des plantes. Et nos techniques d'élevage et de culture sont loin de produire le même type de viande que ce que Cro-Magnon pouvait retrouver dans la nature. Les viandes sauvages des bêtes qui sont actives dans la nature fournissent des types de gras plus sains que le bétail sédentaire qui nous est offert en barquettes de styromousse, notamment en ce qui concerne les gras saturés et les oméga3. Nous consommons plus de glucides, mais nous consommons aussi beaucoup moins de plein de bonnes choses.

Quelque chose cloche et nous sommes nombreux à être mal à l'aise avec la tournure que prend la société. L'intuition collective nous dit: « Il faut que cela change. » C'est pourquoi les diètes miracles ont la vedette. Il y en a d'innombrables, comme la diète paléo, le régime Mackarness, le régime cétogène, la diète *Specific Carbohydrate Diet*, etc. On a beau leur donner le nom que l'on veut, elles ont en commun comme caractéristique le fait de modifier la répartition énergétique de façon à ce que le pourcentage total des calories provenant des glucides soit inférieur à ce qui est généralement recommandé, soit moins de 40 %. Mais, l'homme paléolithique n'était pas dans un état « cétogène » comme nous le sommes quand nous consommons moins de 40 % de glucides. Ses besoins en glucides étaient moindres à l'époque. Les corps cétogènes ont toujours été et devraient toujours rester une ressource de dernier recours pour éviter la mort cérébrale. Certaines diètes populaires aujourd'hui vont même jusqu'à n'offrir que 20 % de glucides, encore moins que ce que mangeaient nos ancêtres, ce qui force le cerveau à puiser son énergie dans les corps cétogènes issus de la dégradation de nos propres tissus corporels. Rien de rassurant pour le corps, surtout pour un enfant en pleine croissance ! Effectivement, nous avons besoin de ce carburant essentiel que sont les glucides, ultimement tous dégradés en glucose pour nourrir nos organes glucodépendants, dont le cerveau et les muscles. Sans glucides, il est bien possible qu'un cerveau réduise certaines activités, dont la décharge de courants électriques erratiques, comme dans le cas de l'épilepsie. Mais, en réduisant les convulsions, on réduit aussi le potentiel de développement du cerveau de l'humain moderne, maintenant trop dépendant des glucides pour grandir normalement sans ce carburant. C'est pourquoi les diètes cétogènes n'ont plus la vedette comme solution à l'épilepsie depuis plusieurs décennies. Qu'elles reviennent à la mode pour l'autisme, cela s'installe dans le courant actuel de « glucidophobie » qui est transmis surtout par l'industrie de l'amaigrissement, qui survalorise les protéines et dévalorise les glucides non pas parce qu'ils ne sont pas utiles, mais parce que les résultats spectaculaires de perte de poids, quoiqu'éphémères, se vendent très bien. Nous avons tendance à oublier que sans glucides, il n'y a pas de développement du cerveau ! La diète restreinte en glucides comporte des effets néfastes sur l'humeur et est un facteur de risque important de dépression. Ce n'est donc pas une avenue de choix pour nos jeunes autistes, ou pour personne d'autre d'ailleurs. Il faut préserver à tout prix le potentiel de développement des fonctions cérébrales de votre enfant, car c'est ce qui lui permettra de s'épanouir à long terme.

Il faut aussi comprendre que lorsqu'une diète est limitée en glucides, on limite forcément bien d'autres éléments. On se retrouve à prendre moins de fibres et bien sûr moins de gluten. Et on consomme par conséquent aussi plus de fruits, de légumes. Et quand on mange moins de glucides, on mange forcément des aliments moins transformés, modifiant ainsi les types de gras consommés.

Au lieu des gras pro-inflammatoires couramment utilisés par l'industrie, nous consommons peut-être plus d'oméga-3, car nous pouvons varier nos huiles. Ce n'est donc peut-être pas en fin de compte le fait de ne pas prendre de sucre qui aide, mais un autre de ces facteurs. Vous privez peut-être votre enfant de tous les glucides, alors qu'il n'a besoin que d'éviter le gluten ou seulement certains sucres qui ont plus tendance à fermenter dans l'intestin. Quand une approche aussi radicale que la diète cétogène fonctionne pour votre enfant, posez-vous la question : « Qu'est-ce qui n'est pas toléré dans l'alimentation normale de mon enfant ? » Cherchez à trouver le vrai coupable et ne jetez pas le bébé avec l'eau du bain en le privant de son carburant essentiel.

C'est pourquoi nous vous avons proposé plus haut une démarche d'essais et d'erreurs, mais structurée, vous permettant de mieux connaître votre enfant, d'identifier ses intolérances et de créer pour lui l'alimentation qui fonctionne, à partir de ses préférences. C'est un début, vous aurez sûrement besoin de vous assurer que tous les nutriments essentiels sont au rendez-vous en consultant votre nutritionniste. À la fin de la démarche, vous et votre famille vous retrouverez fort probablement avec une alimentation beaucoup plus équilibrée et nutritive qu'auparavant, car vous aurez appris à « élaguer », c'est-à-dire que vous aurez probablement moins d'aliments transformés dans votre garde-manger. Le « but ultime » est que l'alimentation pour laquelle vous optez soit convenable pour toute la famille, de façon à vous simplifier la vie et non pas à vous la compliquer.

Les diètes sans additifs alimentaires

Vous trouverez plusieurs noms différents pour les régimes sans additifs alimentaires : Feingold, Failsafe, etc. À l'origine, le Dr Ben Feingold utilisait ce régime comme un traitement de l'hyperactivité (Feingold, 1975 ; Feingold et Feingold, 1979). La diète Feingold élimine les additifs dans leur ensemble, et non pas seulement les colorants alimentaires. Elle consiste principalement à éviter les colorants artificiels (ceux qui sont numérotés et, en particulier, la tartrazine), les arômes artificiels, les agents de conservation (par exemple BHA, BHT) et les édulcorants comme l'aspartame. Elle vise également à réduire les salicylates, une substance présente naturellement dans certains aliments.

On nous avait dit que le maïs génétiquement modifié contenait un type de champignon, alors nous avons essayé une diète spéciale pour cela. Nous avons essayé la diète sans colorant ni additif. Nous avons essayé la diète sans gluten, sans caséine. Toutes ces diètes n'ont donné aucun résultat, alors nous en sommes venus à la conclusion que ces diètes n'aidaient pas tous les enfants autistes.

Lorsque Feingold a amorcé sa croisade contre les additifs en 1976, ses théories étaient perçues comme farfelues. Toutefois, avec les années, la science tend à lui donner raison et plusieurs pays ont commencé à mieux réglementer l'ajout d'additifs permis par l'industrie. Selon des recherches relativement récentes (Schonwald, 2008), plusieurs colorants numérotés sont maintenant interdits (Sunset Yellow [E110], Quinoline Yellow [E104], Carmoisine [E122], Allura Red [E129], Tartrazine [E102] Ponceau 4R [E124]). Il y a même une association de parents pour la diète Feingold qui soutient les familles canadiennes et américaines en démystifiant l'information à propos des additifs (Feingold Association). Je vous épargnerai donc tous les détails et les interminables listes des additifs et de leurs effets potentiels, car certaines ressources s'en chargent très efficacement et vous pourrez les consulter au besoin.

Ce ne sont pas tous les enfants qui sont sensibles aux additifs, et ils ne sont certainement pas sensibles à tous les types d'additifs en même temps. Mais, en théorie, c'est probablement la modification de diète qui comporte le moins de risques, car le fait de ne plus offrir d'additifs ne nuira probablement en rien à sa santé. Par contre, en pratique, compte tenu de leur omniprésence dans l'alimentation des enfants, leur exclusion peut diminuer radicalement la variété offerte à votre enfant. Par ailleurs, il y a toujours le danger de créer une certaine phobie quand nous devenons obsédés par les étiquettes.

Et si une telle diète semble fonctionner pour votre enfant, posez-vous la question suivante: «Est-ce que ce sont vraiment les additifs qui ne sont pas tolérés ou est-ce quelque chose d'autre qui a été éliminé en même temps ou ajouté en remplacement?» Quand on diminue les additifs, on diminue surtout les bonbons et les aliments transformés. Manger moins de bonbons, c'est également diminuer les sucres raffinés, et la plupart du temps, le sirop de glucose-fructose. L'amélioration du comportement de votre enfant peut être réelle, mais elle n'est peut-être pas causée par l'exclusion des additifs. Comment faire la différence? Eh bien, nous proposons de ne justement pas vous casser la tête. Visez une alimentation moins transformée et faites le changement graduellement et selon les préférences de votre enfant et vous en retirerez des bénéfices assurés. Vous ne saurez pas exactement les substances en cause, et au fond, est-ce bien important? Votre enfant n'est pas un cobaye de laboratoire dont on doit absolument comprendre toutes les facettes. L'alimentation est une science tellement compliquée quand on cherche à tout élucider. La diète Feingold suggère une réintroduction progressive des différents types d'additifs pour voir si votre enfant en tolère certains. Imaginez-vous en train de tester les bonbons rouges une journée pour voir si votre enfant réagit surtout au colorant rouge, et tenter le jaune l'autre journée! C'est une expérience qui drainera toute votre énergie et qui ne vous éclairera pas vraiment. Et y a-t-il vraiment nécessité à réintégrer ces substances chimiques dans l'alimentation une fois que vous avez réussi à vous en passer?

Vous pouvez donc tenter une brève analyse de votre garde-manger en vous demandant si les colorants font réellement partie du menu usuel de votre enfant. S'il y a effectivement des colorants et additifs dans tout, tenter une réduction aura plus de chances de fonctionner que s'il n'y en a pas, pourvu que l'ouverture de votre enfant le permette. Laissez-vous guider par votre jugement. Si la seule viande qu'il accepte est la saucisse à hot dog ou la viande transformée, vous aurez bien de la difficulté à trouver des charcuteries sans nitrites, car c'est la loi, il doit y en avoir pour contrôler la croissance bactérienne. Voyez le pour et le contre, analysez ce qui devra disparaître en même temps que les additifs et observez si cela lui permettra encore de bien s'alimenter ou pas. Progresser vers une alimentation moins transformée devrait être votre but. La meilleure approche est celle qui n'est ni rigide ni obsessive et qui respectera les principes du PARIS énoncés précédemment. Si les bonbons font tellement plaisir à votre enfant et que cela contribue à son éveil sensoriel et peut-être même au développement de ses capacités oromotrices, il se peut que vous ne vous sentiez pas le courage de les lui refuser, et avec raison. Concentrez-vous sur autre chose qui a plus de chances de fonctionner, et un jour, comme c'est le cas pour tous les enfants, il grandira et le goût des bonbons lui passera !

La diète sans gluten et sans caséine

Cette avenue est celle qui est la plus étudiée et qui semble fonctionner pour un nombre important d'enfants. C'est un sujet de recherche relativement nouveau, et les résultats ne sont pas encore unanimes, car certaines recherches n'ont décelé aucune différence importante à la suite de l'adoption de cette diète. Plusieurs études en ont par contre décelé une, ce qui est assez encourageant. Il semble que l'exclusion du gluten et de la caséine fasse une différence importante chez un sous-groupe d'enfants, alors qu'elle n'a pas d'impact chez les autres.

Nous avons essayé la diète sans gluten et sans caséine pendant des mois, et quand nous nous sommes rendu compte que ça ne changeait rien, notre fille s'était habituée aux nouveaux produits sans gluten et n'acceptait plus les autres...

Qu'ont en commun le gluten et la caséine pour que, lorsque l'on combine leur exclusion, l'on assiste à une modification de l'état général de certains individus ? En fait, les attributs de ces deux molécules comportent plusieurs similarités, dont leur poids moléculaire. Le niveau de digestibilité d'une protéine dépend entre autres de son poids moléculaire, autrement dit de la grosseur de la molécule. Parmi les protéines les plus volumineuses, on retrouve le gluten et la caséine, mais également certaines protéines issues du soya. C'est la raison pour laquelle ces protéines sont plus souvent incriminées lorsqu'il y a intolérance alimentaire. Ces protéines ont également un plus grand potentiel que les autres de créer des composés qui s'apparentent aux opiacés (composés opioïdes). Ceux-ci s'apparentent aux opiacés et affectent directement les neurotransmetteurs, donc agissent sur les fonctions cérébrales telles l'attention, l'inhibition des comportements ou la perception. Même la plus petite dose d'opioïdes ne passera pas inaperçue : c'est un peu comme avoir le cerveau dans un brouillard perpétuel.

Il y a bien sûr toute une question de susceptibilité génétique, de sorte que ce qui est non toléré par l'un peut être très bien toléré par l'autre, d'où la complexité de trouver les solutions qui fonctionnent pour un individu en particulier. Si la prédisposition génétique n'intervenait pas, nous serions tous intolérants, ce qui n'est pas le cas. Et ce n'est pas parce que l'on est intolérant un jour qu'on le sera toujours, ou du moins qu'il n'y aura aucune amélioration de la tolérance une fois la muqueuse rétablie. En effet, une prédisposition n'est après tout qu'une prédisposition, ce qui signifie que certaines conditions doivent être remplies pour qu'un problème soit déclenché. C'est pourquoi il nous est impossible de recommander la diète sans gluten et sans caséine comme traitement à l'autisme. Si c'était un traitement, cela fonctionnerait pour tous les autistes.

Éliminer le gluten et la caséine n'est pas chose facile lorsque l'on veut profiter de toute la variété de produits alimentaires qui s'offrent à nous. Le gluten est partout, et lorsqu'il ne fait pas partie de la composition d'un aliment, c'est la caséine qui est présente. C'est que l'industrie utilise le blé comme « ingrédient fonctionnel » pour plusieurs catégories d'aliments et non pas seulement les produits céréaliers. Les propriétés du gluten confèrent à cet ingrédient plusieurs usages, que je n'énumérerai pas. Toutefois, si l'on regarde l'évolution de la quantité de gluten ingérée depuis le dernier siècle, il y a une progression fulgurante. Et les sources de gluten ne sont plus limitées à celles provenant des produits du blé, mais on ajoute également du gluten purifié à bien des aliments. Nous sommes donc submergés de cette protéine qui ne composait qu'une très faible proportion de notre alimentation il n'y a pas si longtemps. Il en est de même pour la caséine. La consommation de lait remonte à plusieurs siècles, mais l'ajout de lait sous forme de substances laitières isolées chimiquement est un phénomène assez récent, et les quantités de caséine auxquelles nous sommes exposés sont décuplées.

Nous consommons plus de lait et de blé, certes, mais nous ne consommons également pas le même blé et le même lait qu'avant. Premièrement, les blés d'aujourd'hui (car il y en a de nombreux types différents) ont été sélectionnés de génération en génération pour contenir plus de gluten. Deuxièmement, le blé ancien qui fut le premier à être cultivé était génétiquement différent du blé d'aujourd'hui. Il y avait, à l'époque, dans le noyau de la cellule de blé, deux paires de chromosomes, donc une cellule que l'on décrit comme « diploïde ». Avec les croisements consécutifs, en hybridant artificiellement les espèces de blé entre elles, nous avons créé des entités qui sont devenues tétraploïques, c'est-à-dire possédant quatre paires de chromosomes. À la génération de croisements suivants, l'addition se poursuivit, de sorte que le blé que nous consommons est hexaploïde. Il contient six paires de chromosomes. Quand on modifie la génétique d'une cellule de la sorte, son apparence se modifie, ce qui fait qu'elle peut devenir méconnaissable pour les autres cellules qui sont censées les reconnaître afin de les dégrader. Tout comme ce fut le cas pour le lactose qui est devenu digestible par le tiers de la population à force de faire partie du menu de ces nations caucasiennes, il n'est pas impossible que nos gènes s'adaptent. Mais, de la même façon que les deux tiers de la planète ne peuvent produire de lactase, il est peu probable que tous les individus soient capables de gérer avec la même efficacité cette protéine si récente dans notre alimentation, sans compter qu'elle est utilisée vraiment à toutes les sauces. Il n'est pas farfelu d'avancer l'hypothèse que certaines personnes avec leur génétique propre soient en quelque sorte en *overdose* de gluten ou de substances laitières et qu'à force d'y être exposées, et moyennant certaines conditions, en viennent à considérer ces substances comme des agents agressants.

Donc, quand on cumule tout ce que l'on sait jusqu'à maintenant sur ce que peut produire une protéine de poids moléculaire élevé sur la santé de certaines personnes, on peut imaginer combien leur élimination de la diète peut être salvatrice. Les symptômes qui émanent de la cascade inflammatoire qui suit l'entrée d'un trop gros peptide sont très variés et généralisés. Il ne s'agit pas nécessairement de symptômes digestifs tels qu'on les imagine avec la maladie cœliaque, mais d'un éventail complet de symptômes pouvant affecter n'importe quelle partie du corps. Des poumons enflammés auront de la difficulté à respirer, des articulations enflammées auront peine à bouger, une peau enflammée ne jouera plus son rôle de protection et un cerveau qui baigne dans les cytokines sera embrouillé. Ce ne sont que quelques exemples de ce que la cascade inflammatoire peut engendrer.

Chez les autistes, spécifiquement, les changements observés le plus souvent dans les études à la suite de l'adoption de cette diète sont les suivants : diminution des comportements d'agression, des tics et un meilleur sommeil. À ce jour, il semble nécessaire de faire des études à plus grande échelle à double insu, ce qui n'est rien de simple à réaliser, étant donné qu'il est bien difficile de faire avaler une diète à quelqu'un à son insu… Surtout quand il s'agit de produits sans gluten.

Des marqueurs d'inflammation pourraient être présents (mais pas toujours) qui sont mesurables grâce à une analyse sanguine. C'est pourquoi il est important de faire passer tous les tests requis à votre enfant avant de commencer une quelconque exclusion. Ces marqueurs disparaîtront et le diagnostic qui aurait pu se confirmer sera masqué. Malgré que la maladie cœliaque soit une maladie relativement rare, si votre enfant en était affecté, il serait très important de le savoir, car la maladie cœliaque étant plus « reconnue », vous pourriez obtenir un plus grand soutien de la communauté médicale. L'existence de la sensibilité non cœliaque au gluten ne fait malheureusement pas encore l'unanimité chez les professionnels de la santé, et l'une des raisons est que l'on n'arrive pas facilement à la diagnostiquer. Mais ce serait cette forme de sensibilité qui affecterait le plus souvent les autistes et non la maladie cœliaque. C'est en éliminant les autres diagnostics que nous en venons habituellement à cette conclusion, une fois que la personne a constaté qu'il y avait un lien entre ses symptômes et sa consommation de produits céréaliers.

Lorsque le gluten et la caséine sont la cause de l'inflammation, le seul traitement consiste en l'exclusion. Il ne s'agit pas ici d'adhérer de temps en temps à cette exclusion. La guérison ne peut venir que par l'élimination totale. Il faut que le corps oublie, en quelque sorte, les injures qu'il a subies pour que la cascade inflammatoire cesse. C'est comme un vieux réflexe. Le corps s'est exercé à réagir pendant si longtemps qu'il ne sait comment arrêter de réagir. Heureusement, les cellules intestinales ont la capacité de se renouveler en deux semaines environ, ce qui fait que déjà, après deux semaines d'exclusion, si intolérance il y a, les cellules neuves se porteront déjà mieux et certains des symptômes devraient commencer à disparaître, sans toutefois être éliminés complètement. Lorsque l'on amorce une diète sans gluten et sans caséine, il faut donc bien le faire et non pas à moitié. Il faut donner une chance à ces nouvelles cellules de nous montrer ce qu'elles peuvent faire quand elles ne se sentent pas agressées. Si elles continuent d'être agressées, même un tant soit peu, la cascade inflammatoire ne peut pas être contrecarrée.

Les risques d'une diète sans gluten et sans caséine sont-ils aussi présents qu'on le prétend ? Cet argument des risques de carence est souvent utilisé en défaveur de la diète sans gluten et sans caséine. En fait, la seule différence notable entre les enfants autistes qui suivent une diète sans gluten et sans caséine et ceux qui ne la suivent pas est sur le plan de l'acide folique, parce qu'ils n'ont pas accès à des produits enrichis. C'est donc l'enrichissement qui est à réévaluer et non pas la diète en soi, car sans enrichissement, tous les enfants, autistes ou pas, ne combleraient pas leurs besoins en acide folique par l'alimentation seule. Des scores de qualité globale de l'alimentation ont été effectués auprès d'autistes avec des restrictions de gluten et de caséine et il s'avère que leurs *scores* de qualité de l'alimentation ne sont pas plus bas, mais plus haut. Effectivement, le fait de ne plus avoir accès à toute la foule d'aliments transformés et dénaturés par l'industrie n'est peut-être pas si néfaste que l'on pourrait le croire ! Moins d'aliments transformés, cela équivaut la plupart du temps à plus d'aliments cuisinés à la maison et donc à de meilleures valeurs nutritives. Et les familles qui soumettent leurs enfants à des modifications alimentaires sont habituellement sensibilisées aux risques de carence et ne prennent pas cela à la légère. C'est effectivement ce qu'il faut faire, et c'est peut-être l'un des facteurs qui permettent le mieux de gérer l'autisme. On ne peut nier qu'une alimentation de meilleure qualité a des impacts réels sur la santé de tous en général, y compris les autistes. Vous trouverez dans la dernière section de ce livre des exemples de menu sans gluten et sans caséine pour vous aider à « durer » durant les deux semaines d'essai sans trop vous compliquer la vie. Si les résultats sont au rendez-vous, vous pourrez alors approfondir votre connaissance des sources de gluten et de caséine et ainsi adapter l'alimentation aux préférences de l'enfant, car dans ce cas on peut souvent voir les symptômes continuer de s'améliorer graduellement pendant plusieurs mois.

Pour une alimentation optimale, il est important de vous assurer que votre enfant n'est pas simplement intolérant au lactose plutôt qu'à la protéine de lait elle-même, c'est-à-dire la caséine. Si seulement le lactose est en jeu, vous pourrez offrir à votre enfant une plus grande variété, ce qui est important et ce qui permettra de mieux combler ses besoins non seulement en calcium, mais aussi en protéines, en gras et en énergie. Ne négligeons pas l'utilité des produits laitiers pour la croissance lorsque ceux-ci sont bien tolérés (voir annexe sur les sources de calcium non laitières). Ils représentent habituellement presque la moitié des calories totales de l'enfant, et ces calories ne sont pas si faciles à remplacer.

En ce qui a trait aux allergies, il n'est pas rare que le seul diagnostic possible soit par le biais de l'observation, qui s'effectue en deux étapes (Boyce et coll., 2010, Burks et coll., 2012). Vous avez vu disparaître certains symptômes avec l'exclusion ? La première étape est franchie. La deuxième étape est de confirmer que les symptômes réapparaissent (pas toujours instantanément, mais en quelques jours) lorsque vous faites l'essai de l'aliment. Cette étape est essentielle pour confirmer le diagnostic d'allergie, car les tests d'allergie, sauf quand il s'agit d'allergie immédiate, ne sont pas toujours concluants. Les tests sanguins ou cutanés ne permettent pas de diagnostiquer des allergies de type retardé, ou des allergies mixtes impliquant d'autres types d'immunoglobulines où une cascade inflammatoire est en jeu. La responsabilité d'y voir clair repose donc sur vos épaules.

Aliments à éviter contenant du gluten

Les céréales contenant du gluten sont les suivantes :

Seigle
Avoine
Blé (incluant épeautre et Kamut)
Orge
Triticale

Ces céréales se retrouvent dans plusieurs produits, dont les suivants :

- les pains et autres produits de boulangerie, les pâtes alimentaires, les céréales à déjeuner, etc ;
- les charcuteries et viandes, les volailles et les poissons assaisonnés ou panés et les imitations de crabe (goberge) ;
- les bouillons commerciaux, les produits en sachets ;
- les gâteaux, les biscuits et autres gâteries commerciales ;
- certains yogourts contenant du granola ;

- plusieurs condiments, dont la sauce soya;
- certains jus enrichis en fibres;
- les aliments en vrac, par contamination.

Voici des céréales ne contenant pas de gluten et qui sont donc des sources de glucides: riz, tapioca, sarrasin, quinoa, millet, avoine (souvent tolérée lorsqu'elle est non contaminée par le blé), maïs, amarante, tef. Les légumes féculents comme les pommes de terre et les courges sont également de bons substituts.

Aliments à éviter contenant de la caséine

Tous les produits laitiers contiennent de la caséine, puisque c'est cette protéine du lait qui sert à la formation du yogourt, du fromage, etc. La caséine est donc présente dans les produits suivants:

- le lait, les yogourts, les fromages, incluant les fromages sans lactose ou à base de soya, la crème;
- le beurre et la margarine (sauf celle qui est sans lactose);
- plusieurs produits de boulangerie (croissant, gaufre, pâtisserie, gâteau, biscuit);
- les charcuteries et viandes, volailles et poissons assaisonnés ou panés;
- les bouillons commerciaux, les produits en sachets;
- les aliments dont la liste d'ingrédients contient les mots *assaisonnements* et épices.

À noter : Tous les laits contiennent de la caséine, qu'ils soient issus de la chèvre, de la bufflonne ou de la brebis. Tous les mammifères produisent des laits qui contiennent cette protéine, qui est toutefois légèrement différente d'une espèce à l'autre de par sa génétique.

Certains individus peuvent tolérer mieux certains laits que d'autres, mais certainement pas au point de les consommer régulièrement. Il vaut mieux apprendre à se débrouiller avec des substituts non laitiers. De plus, certains individus sont sensibles aux protéines bovines dans leur ensemble, c'est-à-dire que même le bœuf, le bison et le veau peuvent s'avérer problématiques.

Autres régimes populaires d'exclusion

Il existe une multitude d'autres régimes d'exclusion proposés qui comportent certains fondements scientifiques. Quoiqu'ils puissent générer certains changements de comportements, nous ne savons pas vraiment s'ils le font à cause de l'exclusion proprement dite ou à cause d'autres facteurs confondants. Il existe d'ailleurs peu d'études sérieuses s'étant attardées à valider leurs bienfaits et inconvénients. La diète de rotation en est un exemple, qui est en quelque sorte une façon de réduire l'exposition à des aliments mal tolérés, puisqu'elle en limite l'accès en alternance. C'est un peu comme suivre toutes les diètes en même temps mais avec une piètre adhésion. Et elle n'aide pas à trouver le coupable. Si votre enfant s'améliore avec une telle alternance, il y a fort à parier que vous auriez avantage à identifier le ou les aliments mal tolérés et à ne pas les lui offrir du tout.

D'autres diètes sont basées sur l'exclusion de substances particulières, comme les oxalates ou les phénols. La pertinence de telles exclusions reste à démontrer et il est peu probable qu'à elles seules, elles rectifient les comportements de votre enfant. En pratique, elles ne sont pas toujours faciles à respecter. Imaginez que votre enfant est intolérant au gluten et que l'on vous dit que le riz contient parfois des quantités importantes d'oxalates, par contamination d'une certaine bactérie. Vous auriez bien de la difficulté à nourrir votre enfant sans gluten et sans riz ! À moins que votre enfant n'ait des rages de feuilles de rhubarbe ou n'ait des envies de boire de l'antigel, les apports en oxalates ne sont généralement pas un problème chez les autistes, puisque la plupart des oxalates sont dans le groupe des légumes, et des légumes loin d'être populaires auprès des enfants.

Et que dire de la diète sans phénol? Il y a effectivement certains désordres où l'excès de phénols peut être problématique, mais ce sont habituellement des désordres génétiques graves diagnostiqués à la naissance. Bien sûr, l'usage de produits diététiques contenant des édulcorants à base d'aspartame est contestable, mais les phénols existent également dans les fruits et légumes, comme les bleuets, les choux de Bruxelles, la rhubarbe. Ironiquement, exclure les phénols signifie aussi exclure le blé et le soya, qui en sont des sources naturelles. Il est fort possible que si des résultats sont observés avec cette diète, que ce soit le gluten ou le soya qui soit en cause, et le sachant, vous pourriez continuer à offrir à votre enfant tous les bleuets qu'il réclame!

Sur Internet, des diètes visant à enrayer des infections de levures résistent encore à l'envahisseur. Avant de se lancer dans de telles avenues, il faut avant tout confirmer que l'individu est affecté par une telle infection. Si c'est le cas, les médicaments antifongiques existent. Les diètes populaires qui sont proposées ont tendance à restreindre radicalement l'apport total en glucides, ce qui n'est pas sans risques pour votre enfant, surtout s'il a un faible appétit. Elles fournissent aussi habituellement une variété d'aliments fermentés afin de procurer de bonnes bactéries. Vous pouvez obtenir cela en «supplémentant» avec des probiotiques. Nous ne recommandons pas à quiconque de s'aventurer dans cette voie sans auparavant consulter un médecin.

Parmi ces diètes innombrables, il n'est pas impossible que certaines gagnent la considération des chercheurs dans le futur et deviennent des avenues nutritionnelles qui méritent d'être explorées. Pour le moment, n'ayant pas capté suffisamment l'attention de la communauté scientifique, les résultats demeurent anecdotiques, basés sur des témoignages. Prenez garde que ces témoignages ne soient pas en lien avec un certain produit dont on vous vantera les mérites à une étape ultérieure…

Un défi est relevé quand on peut cesser d'y penser

En tant que parent, vous ne rêvez pas de changer votre enfant, mais vous souhaitez seulement avoir une vie la plus normale possible. Vous rêvez probablement de faire comme les autres parents et donc de lire autre chose que des livres sur l'autisme. La majorité des auteurs se font un devoir de décliner tous les détails des dernières avancées scientifiques, et il y en a tellement que la tâche est monstrueuse pour les parents en recherche de solutions. Et le sentiment de culpabilité est grand pour ceux qui ont décidé d'abdiquer, ensevelis sous la surabondance d'informations. À force d'entendre toutes sortes de témoignages de gens qui ont changé leur vie avec telle ou telle diète, on en vient à penser que si notre enfant reste autiste, c'est notre faute ! La réalité est tout autre. L'autisme est ce qu'il est, une condition difficile à gérer. Toute amélioration constitue un petit miracle de plus à récolter et à chérir sur la route qui mène à cette vie normale.

J'ai tenté de ne pas tomber dans ce piège et de vous fournir les bases sans vous alourdir encore plus, en vulgarisant des processus physiologiques effectivement très complexes, dont chacun mériterait un livre en soi. Nous espérons que ce livre vous aura encouragé à revenir à l'essentiel, soit à l'écoute des besoins de votre enfant, sans négliger les vôtres, tout en consacrant votre énergie à des actions compatibles avec votre situation de parent. On parle si peu des parents ! Il y a fort à parier que la qualité de votre alimentation à vous ne vous a même pas traversé l'esprit pendant plusieurs années.

Puissiez-vous enfin vous y attarder et trouver, vous aussi, la paix dans vos assiettes de parent dévoué et passer à la lecture des romans qui vous captivaient jadis !

Annexe 1 – Guide d'aliments adaptés aux enfants avec défis oromoteurs

Produits céréaliers	Légumes et fruits	Produits laitiers	Viandes et substituts
Pomme de terre en purée Patate douce Courge Butternut Maïs en crème Céréales cuites (gruau, crème de blé, son d'avoine) Petites nouilles bien cuites (alphabets, étoiles, macaronis) Riz et couscous dans beaucoup de sauce (si textures mixtes permises seulement) Muffin Pain-muffin (par exemple, pain aux bananes, aux carottes, aux courgettes) Barres de céréales (ni croquantes, ni enrobées, ni avec noix ou fruits séchés)	Fruits en conserve (écrasés à la fourchette, si nécessaire) Compote de fruits Bananes écrasées à la fourchette dans d'autres aliments (par exemple, gruau) Fruits congelés ou frais en lait fouetté au mélangeur ou *smoothies* avec yogourt au choix Soupe-potage : crème de brocoli, de tomate, de carotte, de champignon, etc. Légumes crus râpés finement Macédoine bien cuite, coupée en très petits cubes Jus de légumes Jus de tomates Jus de fruits	Lait de vache Lait de soya enrichi de calcium et de vitamines A et D Yogourt nature ou aux fruits sous toutes ses formes (en tube, à boire, yogourt glacé) Fromage frais de type Minigo Fromage cottage, ricotta, fromage à la crème de type Philadelphia, Vache qui rit, minicubes, etc. Lait et fromage fondu dans les recettes Sauce au fromage Soupe à base de lait Lait fouetté	Toutes les viandes, mais hachées (jambon haché, bœuf haché, poulet haché, veau haché) Poisson en conserve (thon, saumon) écrasé à la fourchette (par exemple, avec mayonnaise) Œufs brouillés ou cuits durs écrasés à la fourchette, en omelette Œufs dans les recettes Légumineuses Légumineuses en trempette (par exemple, hummus) Petites lentilles rouges dans les soupes ou les recettes Beurre d'arachides et noix dans les recettes Graines et noix moulues dans les recettes

Annexe 2 – Guide d'aliments sans gluten et sans caséine

Produits céréaliers	Légumes et fruits	Produits laitiers	Viandes et substituts
Pomme de terre Patate douce Courge, toutes les variétés Maïs* Riz Quinoa Millet Sarrasin (kasha) Flocons de quinoa Riz, quinoa ou millet soufflé Céréales sans gluten (Chex, Rice Krispies) Pâtes alimentaires et nouilles sans gluten Feuilles de riz, vermicelles de riz Pain sans gluten, sans lait Barres et muffins sans gluten, sans lait Gaufre sans gluten, sans lait Galette de sarrasin Craquelin de riz Galette de riz, quinoa ou sarrasin Fécule de tapioca, de pomme de terre	Tous les fruits en conserve, congelés ou frais Compote de fruits Légumes crus et cuits en conserve ou congelés ou frais Jus de légumes Jus de tomates Jus de fruits Fruits séchés, sauf si en vrac (risque de contamination croisée)	Lait de soya, amandes ou riz enrichi en calcium et en vitamine D Yogourt à base de soya Crème glacée à partir de lait d'amandes, de soya ou de coco Pouding et mousse au soya Nutri-Whip (substitut de crème)	Toutes les viandes non transformées (jambon haché, bœuf haché, poulet haché, veau haché) Poissons en conserve, sauf ceux dans le bouillon ou assaisonnés Œufs Charcuteries sans gluten Légumineuses Hummus Beurre d'arachides Noix et graines Tofu (avec chlorure de calcium, de préférence) Bouillon de viande sans gluten ou maison

Produits céréaliers	Légumes et fruits	Produits laitiers	Viandes et substituts
Autres aliments Matières grasses : margarine sans lactose (Nuvel, Celeb sans lactose, Crystal), huile et graisse végétale Sucres et confiseries : sucre, sucre à glacer*, sirop d'érable, sirop de maïs*, confitures à base de pectine*, beurre d'érable, suçons*, réglisse*, *gummies**, Mr Freeze, Popsicle (sauf à base de yogourt) Ingrédients de boulangerie : fécule de maïs*, cacao, chocolat Baker's non sucré, sauce tamari sans gluten, levure chimique sans gluten, levure à boulangerie, gélatine neutre en poudre ou en feuille, pectine, gomme xanthane			

*Non recommandé lors d'intolérance au maïs ou vérifier les étiquettes.

Annexe 3 – Idées de repas complets et rapides sans gluten et sans caséine

Déjeuners	Dîners	Soupers	Desserts et collations
Galettes de sarrasin avec un œuf coulant dessus (comme les Français !) Jus d'orange enrichi	Soupe aux tomates et lentilles faites avec du bouillon maison ou sans gluten	Hamburger steak (bœuf haché), pommes de terre et légumes Jus d'orange enrichi	Mélange maison du randonneur (quinoa soufflé, riz soufflé, céréales sans gluten, noix, fruits séchés, noix de soya)
Rôties avec pain sans gluten et beurre d'arachides Lait de soya au chocolat	Pâtes sans gluten, sauce à la viande	Tacos au bœuf ou poulet (remplacer le fromage cheddar par des carottes râpées) Jus d'orange enrichi	Smoothie au lait d'amandes ou tofu soyeux et fruit au choix
Rice Krispies sans gluten dans du lait d'amandes avec une banane et des noix concassées	Saumon en conserve avec mayonnaise et craquelins de riz avec salade Lait d'amandes ou de soya	Pâté chinois (lait de soya non sucré dans les pommes de terre et margarine sans lactose) Jus de fruits ou de légumes	Fruits et trempette ou fondue au chocolat noir
Fèves au lard Œuf Pain sans gluten et confiture	Soupe aux pois Jus de légumes ou salade	Porc aux arachides Vermicelles de riz Pak choï	Gâteau (mélange commercial sans gluten) Glaçage à base de Nutri-Whip
Omelette espagnole (avec lait de soya non sucré) Petites pommes de terre rôties	Sandwich aux œufs (pain sans gluten et rôti) Salade de tomates et basilic Jus d'orange enrichi	Brochette de poulet rôti Pomme de terre au four Salade de chou	Biscuits au beurre d'arachides

Déjeuners	Dîners	Soupers	Desserts et collations
Gaufres sans gluten Sirop d'érable, fruits frais, Nutri-Whip fouetté pour garnir et chocolat fondu	Salade de légumineuses Crudités et trempette Lait de soya ou d'amandes	Rôti de porc Frites de patates douces Salade verte Jus d'orange enrichi	Barres de céréales et muffins maison
Flocons de quinoa avec raisins secs et amandes, préparés avec du lait d'amandes	Crudités avec hummus Galettes de riz ou riz-quinoa Jus d'orange enrichi	Filet de saumon ou de truite arc-en-ciel en papillote Riz ou pomme de terre Salade	Chips de maïs ou craquelins de riz, guacamole ou salsa
Œuf, bacon et petites pommes de terre rôties Jus d'orange enrichi	Courge spaghetti avec sauce à la viande Jus d'orange enrichi	Chili con carne Pain plat, recette à base de farine de légumineuses	Macarons à la noix de coco
Crêpes avec farine sans gluten Fraises fraîches Chocolat noir fondu	Riz, poulet et légumes	Sauté de tofu mariné et légumes Nouilles de riz	Tarte avec croûte faite avec biscuits Graham ou arrow-root sans gluten
Pain doré, pain sans gluten et lait de soya Fruits et sirop	Rouleau de printemps et soupe vietnamienne	Gnocchis de pommes de terre, sauce à la viande Salade	Mousse au chocolat
Yogourt au soya ou amandes avec du granola maison et petits fruits	Taboulé de quinoa et pois chiches Jus de légumes*	Piment farci, bœuf, riz Salade verte	Pouding au riz ou tapioca fait avec lait d'amandes

ANNEXE 4 – SOURCES DE CALCIUM NON LAITIÈRES

★★★ Pour remplacer une tasse de lait.

🌢 À utiliser avec parcimonie, car densité énergétique élevée (sucre ou gras).

Aliment	Portion	Calcium 1★ +/- 100 mg
Lait de soya	1 tasse (250 ml)	★★★
Lait de riz ou d'amandes enrichi	1 tasse (250 ml)	★★★
Jus d'orange enrichi de calcium	1 tasse (250 ml)	★★★
Saumon rose en conserve	100 g	★★
Sardines de l'Atlantique	100 g	★★★
Tofu (avec sulfate de calcium)	100 g	★★★
Mélasse noire (3e extr.)	2 c. à table (30 ml)	★★★🌢
Chicorée	1 tasse (250 ml), hachée	★★
Perchaude	100 g	★
Palourde	100 g	★
Noix du Brésil	15	★🌢
Amande	⅓ tasse (75 ml)	★🌢
Noisette	½ tasse (125 ml)	★🌢
Graine de tournesol	100 g	★
Beurre d'amandes	2 c. à table (30 ml)	★
Fèves au lard	¾ tasse (175 ml)	★
Hummus	¾ tasse (175 ml)	★
Épinard	¾ tasse (175 ml)	★
Okra	1 tasse (250 ml)	★

Aliment	**Portion**	**Calcium** **1★ +/- 100 mg**
Artichaut	¾ tasse (175 ml)	★
Chou de Bruxelles	1 ½ tasse (325 ml)	★
Chou chinois pak choï	¾ tasse (175 ml)	★
Brocoli	1 tasse (250 ml)	★
Feuille de pissenlit	1 tasse (250 ml), hachée	★
Bette à carde	1 tasse (250 ml), hachée	★
Mélasse de table	2 c. à table (30 ml)	★★💧
Brisure de caroube	50 g	★★💧
Farine de caroube	⅓ tasse (75 ml)	★
Farine de soja dégraissée	¾ tasse (175 ml)	★★

À noter : Il faut veiller à remplacer la vitamine D également lorsque l'on remplace les produits laitiers par des sources de calcium non laitières. Un supplément de vitamine D pourrait être nécessaire. Votre nutritionniste peut vous recommander les doses appropriées pour compléter votre apport.

Ressources et sources

Ressources pour les parents

- Autism Network for Dietary Intervention
- Feingold Association
- Association québécoise d'allergies alimentaires
- Fondation québécoise de la maladie cœliaque
- Fédération Québécoise de l'autisme
- Autisme Canada
- Réseau Nutrition Familia sur www.passeportnutrition.org

Sources

Documents de formation *When Children Won't Eat: The SOS Approch to Feeding* et *When Children Won't Eat: The SOS Approch to Feeding – Advanced day* (Kay A. Tommey, Ph. D. et coll., 2008 et 2014).

Mémoire de Marie-Josée Tessier, présenté à l'École de réadaptation de la Faculté de médecine de l'Université Laval en décembre 2010 : *Marqueurs précoces des problèmes sensoriels chez le jeune enfant présentant des troubles d'alimentation.*

Les problèmes alimentaires chez le bébé et les jeunes enfants : Une nouvelle perspective : Sur www.cairn.info, Revue Devenir 2001/2 volume 13, de la Dre Maria Ramsay.

www.sensory-processing-disorder.com/.

ADAMS ET COLL., *Effect of vitamin/mineral supplement on children with autism*, BMC Pediatrics, 2011, 11:111.

ADAMS ET COLL., *Gastrointestinal flora and gastrointestinal status in children with autism – comparisons to typical children and correlation with autism severity*, BMC Gastroenterology, 2011, 11:22 (16 mars 2011).

ADAMS, JAMES B. (Arizona State University), *Résumé des traitements diététiques nutritionnels et médicaux contre l'autisme – basé sur plus de 150 études publiées*, traduit grâce à Autism Canada, Autism Research Institute, 2013, disponible sur Internet (http://autism.asu.edu).

BRUDNAK ET COLL., *Enzyme-based therapy for autism-spectrum disorder-is it worth another look?*, Med Hypotheses, mai 2002, 58(5): 422-8.

FEINGOLD ET COLL., *Pyrosequencing study of fecal microflora of autistic and control children*, Anaerobe, août 2010, 16(4) 444-53 Epub; juillet 2010.

FILIPEK ET COLL., *Relative carnitine deficiency in autism*, Journal of Autism and Developmental Disorders, décembre 2004, 34(6):615-23.

Geier et coll., *A prospective double-blind, randomized clinical trial of levocarnitine to treat autism spectrum disorders*, Med Sci Monit, juin 2011, 17(6):115-23.

Grenham et coll., *Brain-gut-microbe communication in health and disease*, Front Physiol, 2011; 12.94 Epub 2011 Dec7. PubMed PMID : 22162969.

James SJ, Cutler P, Melnyk S, Jernigan S, Janak L, Gaylor DW, Newbrander JA. *Metabolic biomarkers of increased oxidative stress and impaired methylation capacity in children with autism.* Am J Clin Nutr. 2004 Dec;80(6) : 1611-7.

Kushak et coll., *Intestinal didaccharidase activity in patients with autism: effect of age, gender, and intestinal inflammation*, Autism, mai 2011, 15(3) : 285-94 Epub ; mars 2011.

Parracho et coll., *Differences between the gut microflora of children with autistic spectrum disorders and that of healthy children*, J Med Microbiol, octobre 2005, 54 (Pt 10) : 987-91.

Schreck et coll., Journal of Autism and Developmental Disorders, vol. 34, n° 4, août 2004.

Williams et coll., *Impaired carbohydrate digestion and transport and mucosal dysbiosis in the intestines of children with autism and gastrointestinal disturbances*, PLOS ONE, 2011 ;6 (9) e24585 Epub ; septembre 2011.

Remerciements

Je tiens à remercier Alain Williamson, mon éditeur, pour avoir carrément atteri dans ma vie au parfait moment et accueilli mes idées avec une grande ouverture d'esprit en me donnant carte blanche pour metre de l'avant ce sujet complexe. Je dois aussi une fière chandelle à toute l'équipe en coulisse qui rend mon expérience en tant qu'auteure des plus enrichissantes.

Également, un Merci avec un grand M à mon amie et collaboratrice, Rita Vissani, qui n'hésite jamais à me suivre dans mes projets les plus fous et à m'encourager dans tout ce que j'entreprends.

Et surtout, je remercie tous les enfants autistes et leurs parents qui m'ont accordé leur confiance. J'espère qu'ils se reconnaîtront car c'est leur courage et leur détermination qui m'ont inspirée tout au long de la rédaction de cet ouvrage.

Pour rejoindre l'auteure

Marie-France Lalancette offre des cours et des conférences via le portail www.passeportnutrition.org.

MARQUIS

Québec, Canada

RECYCLÉ
Papier fait à partir de matériaux recyclés
FSC® C103567

Imprimé sur du Rolland Enviro,
contenant 100% de fibres postconsommation,
fabriqué à partir d'énergie biogaz et certifié FSC®,
ÉCOLOGO, Procédé sans chlore et Garant des forêts intactes.

PERMANENT 100% BIOGAZ ÉNERGIE

Garant des forêts intactes[MC]